USINESS CHINESE CONVERSATION

비즈니스 중국어 회화

实用商务汉语

임반석
장위건
지음

지은이의 말

한국과 중국이 1992년 8월에 수교했으니 30년이 다 돼 간다. 그 동안 양국의 경제관계는 상상을 초월하는 속도로 발전해 왔는데, 교류와 교역뿐 아니라 투자도 고속으로 증가했다. 그 사이 중국은 세계2위 경제대국이 되었고, 일인당 GDP도 1만 달러를 넘어 중진국 반열에 들어섰다. 한국도 중국경제와의 협력에 힘입어 수교 이후 줄곧 흑자를 기록할 수 있었으며, 일인당 GDP 3만 달러 단계에 진입하였다.

1990년대 초 한중 수교는 당시 정치적 이벤트라는 측면이 주로 부각되었다. 하지만 한중 수교는 사실 한국경제 구조의 변화, 한국경제의 성장, 그리고 한중 경제관계의 비약적 발전을 예고하는 일대 경제적 사건이었다. 1988년 7월 7일 노태우 대통령은 「민족자존과 통일번영을 위한 특별 선언」에서 남북한 관계 개선, 사회주의권과의 관계 개선에 대한 의지를 천명했다. 노태우 대통령은 집권 기간 동안 마땅히 내세울 만한 게 없었다. 끊임없는 무능 시비 속에서 업적에 목마르던 그는 북방외교 카드를 들고 나왔다. 우리 사회는 내적으로 민주화를 향한 큰 걸음인 1987년 6월 항쟁을 겪었고, 외적으로 베를린 장벽 붕괴, 소련의 해체라는 시대적 대 격변을 경험하면서, 이분법적 사고방식, 사회주의권을 보는 시각도 전환기를 맞았다. 그렇다고는 하지만 반공정신의 화신인 군인 출신 대통령이 치켜든 적성국과의 관계개선 선언은 국내외를 놀라게 할 만한 사건이었다. 그렇다고 한중 수교가 어느 날 갑자기 이뤄진 깜짝쇼는 아니다. 중국은 1988년 서울 올림픽에 미수교국이던 한국에 대규모 선수단과 함께 일단의 젊은이들을 경제시찰단으로 파견한 바 있었다. 중국의 지도자들은 한국의 경제발전에 대해 잘 알고 있었고, 한국의 도움이 필요했다. 한중수교는, 그 의도가 어떠했든, 1990년 9월의 한러수교와 더불어 노태우 정권 북방외교의 큰 성과로 기록되었다.

한국과 중국은 냉전시대 사고방식으로는 접근이 쉽지 않은 관계였고, 한국에게는 북한-중국관계, 중국에게는 한국-타이완 관계라는 특수한 상황으로 인해 정상적인 교류와 교역이 쉽지 않았다. 그러나 수교 전후 한국과 중국은 서로를 필요로 했고, 수교 전 상당한 기간 동안 긴밀한 물밑 접촉이 있었다. 노태우 정부가 정치적 업적이 필요하기도 했지만, 한국은 경제성장을 이끌어 오던 경공업이 이미 한계에 봉착해 있었고, 전자산업과 중화학 공업은 일본을 따라잡기 위해 마지막 에너지를 쏟던 때였다. 국내에서 경쟁력을 잃은 경공업은 활로가 필요했다. 중국도 1989년 톈안먼 사태 이후 외국자본들이 중국 재진입을 망설이고 있었기 때문에, 한국경제와의 협력이 절실했다. 이렇게 그 무렵 양국의 이해관계는 절묘하게 일치했다.

1970년대 말 개혁개방을 개시한 뒤 초고속 성장을 거듭하던 중국경제는, 1980년대 말 정치적 격변으로 인해 외국 투자자들이 밀물처럼 중국을 등지면서, 빠르게 수렁으로 빠져들었다. 세계적 차원에서 이 무렵 상황을 보면, 1989년 베를린 장벽이 무너졌고, 1991년에는 소련이 붕괴하는 시대적인 사건과 함께 40년 동안 지속한 냉전은 종말을 고하고 있었다. 1989년 12월 미소의 몰타 정상회의에서 냉전 종식을 선언했고, 1989년 5월 고르바초프의 중국 방문으로 중소관계가 정상화되었다. 그리고 1990년 9월 한러수교가 성사되었는데, 이 사건은 한중수교의 디딤돌이 되었다. 이렇게 해서 중국과 러시아를 두 핵심 축으로 하는 북방외교의 문이 활짝 열린 것이다.

톈안먼 사태 강제 진압을 결단한 덩샤오핑이지만 경제가 맥없이 추락하고 중국이 과거로 회귀할 위험까지 예상되는 상황을 수수방관할 수는 없었다. 자신이 설계·추진했고 경이적인 경제성과를 보였던 개혁개방이 좌초될 위기에 직면해서, 덩샤오핑은 1992년 1-2월 딸의 부축을 받으며 남방 경제특구 시찰에 나섰다. 이 시찰에서 덩은 개혁개방은 중단 없이 계속되어야 한다고 강조했을 뿐 아니라, 상하이에 들러 상하이를 늦게 개방한 것을 후회한다는 발언도 하였다. 이를 계기로 1989-1991년까지 매우 저조한 성적을 보이던 중국경제는 또다시 고속성장 궤도로 재진입할 수 있었다. 하지만 덩샤오핑의 발언에도 불구하고 한 동안 개혁개방의 지속에 대한 의구심, 그리고 자국 국민에 대한 무력 진압이 준 공포감 때문에 중국을 탈출한 선진 자본들이 곧바로 중국으로 돌아오지는 않았다. 1990년대까지 중국내 핵심 해외자본은 대부분 화교자본이었고, 선진 자본들은 관망하는 상황이었다. 한중수교가 바로 이 시기에 이뤄졌다는 사실은 당시 중국에게 한국경제의 도움이 얼마나 절실했는지를 말해주며, 수교를 통해 양국은 경제적으로 기대 이상의 이익을 얻었다. 아마 이 무렵 북방외교를 설계하고 추진했던 사람들조차도 이후 한중관계, 적어도 한중 경제관계가 지금 같은 수준으로 발전하리라고는 누구도 짐작하지 못했을 것이다.

한중 관계 측면을 보면, 국교 수립 이후 한중 교류와 교역은 여러 면에서 비약적으로 발전했다. 교역 규모는 1992년 63억 8천만 달러에서 2019년 약 2800억 달러로 폭발적으로 증가하였으며, 한국에게 중국은 1위 수출대상국, 한국은 중국의 4위 교역대상국이 되었다. 그 이전 한국 수출의 미국 의존도가 높다고 평가받을 때 미국수출 비중은 약 18% 정도였는데, 한국의 수출에서 중국 비중은 평균 25-28%를 점할 정도가 되었다. 양국 교역에서 한국은 수교 이후 일방적인 흑자를 기록해왔는데, 이 사실은 한중수교가 한국경제 발전에도 얼마나 중요한 사건이었는지를 증명해 준다. 양국 관계의 발전에는 그림자도 있었다. 한국경제의 높은 중국 의존도는 한중 통상 갈등 요소로 남아 있을 뿐 아니라 중국은 정치안보적 마찰 때마다 이 점을 십분 활용해 한국을 압박한다.

이 밖에 양국 간의 사회적, 문화적 교류도 급증하였고, 중국에서 '한류 열풍'은 오래 전에 시작되었으며, 한국에서 중국어는 매우 인기 있는 언어가 되었다. 양국 간의 경제관계가 이처럼 크게 발전했다고는 하지만, 한중간에는 한미관계의 특수성, 한국의 분단국으로서의 특수성으로 인해서 정치안보적 관계에서는 분명한 한계를 안고 있을 뿐 아니라 정치안보적 갈등이 경제관계에 영향을 주기도 한다. 이러한 이유 때문에 한국과 중국의 관계는 '불안정한 전략적 동반자 관계'라고 평가되고 있고, 전문가들은 이 상황을 '경제관계와 정치안보관계의 심각한 비대칭' 이라고 설명하기도 한다. 앞으로 이 간극을 어떻게 줄여나갈 것이냐가 우리에게 주어진 난제이다. 관계가 긴밀해질수록 경제관계가 부메랑이 되어 위협으로 돌아

올 수 있고, 이러한 사례는 이미 여러 번 경험했다.

한국과 중국 모두 2017년부터 본격화된 미중 통상마찰로 심대한 타격을 경험하고 있고, 2019년 말부터 시작된 코로나19는 한국경제와 중국경제, 한중 경제관계 차원을 넘어 세계경제에 전반에 큰 부정적 영향을 미치고 있다. 중국경제가 입은 타격도 매우 커서 미중 통상마찰이 본격화되기 이전 6-7% 성장을 하던 중국경제는 2020년 성장률이 2% 수준으로 추락하고, 한국경제도 마이너스 성장을 할 것으로 예상되고 있다. 미중 양국의 협상은 계속 어두운 터널을 달리고 있고, 한국의 중국 수출도 급감하고 있다.

현재 오리무중인 미중 통상마찰이 어떤 방향으로 얼마나 지속될 것이지는 우리뿐 아니라 세계적인 초미의 관심사다. 코로나19로 인해 타격받은 한국과 중국경제를 포함한 세계경제는 상당히 오랜 침체기를 피할 수 없을 것으로 예상된다. 미국 제일주의를 외치는 미국경제도 예외가 아니다. 여기에서 중요한 사실은 미중 통상 갈등이 얼마나 지속되든, 미중 통상마찰이 원만하게 타결되든 아니든, 중국경제의 내일이 장밋빛이든 회색이든, 한국과 중국의 경제관계는 이전보다 다소 약화된 상태로 밀접한 관계가 지속될 가능성이 크다는 점이다. 지리적 인접성, 문화적 친근성, 중국시장의 매력, 한반도 문제에 대한 중국의 영향력, 양국의 정치안보적 이유로 인해, 한국은 중국과 소원할 수 없고, 중국 역시 한국 접근이 필요하다는 점에 비춰 봐도, 한중경제 관계가 심하게 축소될 가능성은 거의 없어 보인다. 현재 한국에서 규모를 불문하고 거의 대부분의 기업이 중국과 관련을 맺고 있을 정도이다. 한중관계의 핵심은 경제관계이고 앞으로도 그럴 것이며, 그런 만큼 한국인에게 중국, 중국어의 중요성은 줄어들지 않을 것이다. 따라서 우리에게 중국어, 중국문화, 중국경제, 중국정치에 대한 이해의 중요성은 더 강조할 필요가 없다.

이 책의 원고는 지은이의 오랜 중국어 학습 노트를 기반으로 2005년부터 강의를 위해 정리한 강의안이다. 2000년대 초 수정 작업을 할 때 사오리(邵力)의 도움이 컸고, 이번 출판

작업에서는 장위건 교수의 역할이 중요했다. 한족으로서 귀화 한국인인 장 교수는 중문 내용 수정과 녹음작업을 도맡았다. 원고를 위해 쏟은 노고에 미안함과 함께 경의를 표한다. 날로 어려워지는 업계의 사정에도 불구하고 출판을 결단해 주신 신아사 정현걸 사장님과 편집부 모든 분들, 그리고 한규갑 상무님께도 고마움을 전한다. 이 책의 부족한 부분은 모두 지은이의 몫이며, 지적에 대해 항상 열려 있다. 아무쪼록 이 책이 중국어와 친해지기를 원하는 분, 중국비즈니스를 꿈꾸는 이들에게 좋은 길잡이가 된다면 더 없는 기쁨이 될 것 같다.

2020년 8월

지은이 씀

目录

第一课 预订机票 (항공권 예약) ······ 13
第二课 换登机牌 (탑승수속) ······ 19
第三课 海关检查 (세관검사) ······ 25
第四课 迎接客户 (고객 영접) ······ 29
第五课 入住登记 (체크인) ······ 35

퀴즈 1 ······ 40

第六课 商务日程 (비즈니스 일정) ······ 41
第七课 参观企业 (기업방문) ······ 45
第八课 电话约见 (전화 미팅 예약) ······ 49
第九课 办公室拜访 (사무실 방문) ······ 53
第十课 产品咨询 (제품문의) ······ 59

단원복습(1~10과) ······ 64

第十一课 商议价格 (가격 협상) ······ 67
第十二课 报实盘 (확정 오퍼) ······ 73
第十三课 签订合同 (계약 체결) ······ 79
第十四课 包装设计 (포장디자인) ······ 85
第十五课 支付方式 (지불방식) ······ 89

퀴즈 2 ······ 93

第十六课 装船发货 (선적) ······ 95
第十七课 货物投保 (보험) ······ 101
第十八课 中国投资 (중국 투자) ······ 105
第十九课 合作意向 (협력 의사) ······ 109
第二十课 答复邮件 (이메일 답장) ······ 113
第二十一课 共度难关 (난관 함께 극복하기) ······ 117

단원복습(11~21과) ······ 121

부록

본문해석 ······ 125
퀴즈 해석 및 정답 ······ 134
단원복습 정답 ······ 135

BUSINESS CHINESE CONVERSATION

비즈니스
중국어 회화

BUSINESS CHINESE CONVERSATION

dì yī kè
第一课

yù dìng jī piào
预订机票

lǐ mínzhǔ　　wǒ dǎsuàn xiàzhōu qù zhōngguóshànghǎichūchāi nǐ bāng wǒ yùdìng yíxià jīpiào
李民主　：我打算下周去中国上海出差，你帮我预订一下机票。

jīn mìshū　　hǎode gěi nín mǎi jǐ diǎn de fēijī bǐjiào hǎo
金秘书　：好的。给您买几点的飞机比较好？

lǐ mínzhǔ　　shàngwǔ de ba
李民主　：上午的吧！

jīn mìshū　　hǎode mǎshàngbāngnín yùdìng
金秘书　：好的，马上帮您预订。

jīn mìshū zàiwǎngshàngdìng le piào
(金秘书在网上订了票)

jīn mìshū　　jīnglǐ wǒ yǐjīng zàiwǎngshàngbāngníndìnghǎo le xiàzhōu èr shàngwǔ shídiǎnrén chuānjīchǎng chūfā liǎngzhōuhòushànghǎihóngqiáo jīchǎngchū fā de wǎngfǎn jī piào
金秘书　：经理，我已经在网上帮您订好了下周二上午十点仁川机场出发，两周后上海虹桥机场出发的往返机票。

lǐ mínzhǔ　　xiè xie
李民主　：谢谢！

새단어 生词

yùdìng 1. 预订	dòng (动)	예약하다
jīpiào 2. 机票	míng (名)	항공권
dǎsuàn 3. 打算	dòng (动)	~할 계획이다
chūchāi 4. 出差	dòng (动)	출장하다
bǐjiào 5. 比较	fù (副)	비교적
wǎngshàng 6. 网上	míng (名)	인터넷에서
jīnglǐ 7. 经理	míng (名)	사장(님)
rénchuānjīchǎng 8. 仁川机场	míng (名)	인천공항
hóngqiáojīchǎng 9. 虹桥机场	míng (名)	홍차아오공항
wǎngfǎn 10. 往返	dòng (动)	왕복하다

문법포인트

1. 打算

1) ~할 계획이다(동사) : 뒤에 동사를 붙여서 어떤 일이나 행동을 할 계획이라는 뜻을 나타낸다.

wǒ dǎ suàn qù zhōng guó xué xí hàn yǔ
我打算去中国学习汉语。(난 중국어를 배우러 중국에 갈 계획이다.)

2) 계획(명사)

zhè jiù shì wǒ zì jǐ de dǎ suàn
这就是我自己的打算。(이것이 바로 나의 계획이다.)

2. 동사 + 一下

동사의 뒤에 붙어서 동작의 횟수, 시험 삼아 해봄 또는 짧은 시간을 나타낸다.

gěi wǒ kàn yí xià
1) 给我看一下。(저한테 좀 보여주세요.)

nǐ shì yí xià
2) 你试一下。(한번 해보세요.)

qǐngshāoděng yí xià
3) 请稍等一下。(잠깐만 기다려주세요.)

* 다음 질문에 중국어로 대답해 주세요.

1) 李民主要去哪儿？李民主去那儿旅游吗？

2) 李民主让金秘书做什么？

3) 金秘书在哪儿买机票？买的什么时候的机票？

商务会话练习 비즈니스 회화연습

你一般在哪儿预订机票, 怎么预订？(直接购买, 电话预订, 网上预订)

* 잘 따라 읽으면서 익혀 보세요!

wǒ dǎsuànxiàzhōu qù shànghǎichūchāi bāng wǒ yùdìng yíxià jīpiào
我打算下周去上海出差, 帮我预订一下机票。

상용 어휘 및 표현

wǎngshàngdìngpiào 网上订票	온라인 예매
yù dìng dìng 预订 / 订	예약하다
jī piào 机票	항공권
wǎng fǎn 往返	왕복
dān chéng 单程	편도
tè děng zuò yī děng zuò èr děng zuò 特等座 / 一等座 / 二等座	특실좌석 / 일등좌석 / 이등좌석
wò pù 卧铺	침대열차
yìng wò 硬卧	딱딱한 침대(열차)
ruǎn wò 软卧	부드러운 침대(열차)
huǒ chē piào 火车票	기차표
gāo tiě dòng chē 高铁 / 动车	고속열차
chuánpiào 船票	배표
qì chē piào 汽车票	버스표
cháng tú qì chē cháng tú kè chē 长途汽车 / 长途客车	시외버스 / 장거리버스
gāo sù kè chē 高速客车	고속버스
jiào chū zū chē 叫出租车	택시를 부르다
shǒu xù fèi 手续费	수수료

商务提示

zhōngguó hángkōnggōngsī yǒu hěnduō lìrú guójì hángkōnggōngsī nánfāng hángkōnggōngsī
中国航空公司有很多，例如国际航空公司，南方航空公司，
dōngfāng hángkōnggōngsī děng lìngwài háiyǒu hěnduō dìfāng hángkōnggōngsī jūn kěyǐ zài wǎngshàng
东方航空公司等。另外还有很多地方航空公司，均可以在网上
yùdìng jīpiào zài zhōngguó mùqián pǔbiàn bèi shǐyòng de jīpiào yùdìng wǎngzhàn xié chéngwǎng
预订机票。在中国目前普遍被使用的机票预订网站：携程网
zài hánguó yě kěyǐ tōngguò zhège wǎngzhàn de hánguó yǔ wǎngyè
(www.ctrip.com)，在韩国也可以通过这个网站的韩国语网页
jìnxíng jīpiào yùdìng jiésuàn yòng rénmínbì hán bì jūn kě érqiě jiàgé yě bǐjiào
进行机票预订。结算用人民币，韩币均可，而且价格也比较
hélǐ
合理。

중국의 항공사는 매우 많은데, 주요 항공사로는 국제항공, 남방항공, 동방항공 등이 있다. 이 외에도 지방 항공사가 있는데, 모두 인터넷으로 예약이 가능하다. 현재 중국에서 주로 이용하는 항공권 예약사이트는 시트립(www.ctrip.com)이다. 한국에서도 이 사이트의 한국어 홈페이지에서 예약이 가능하고 런민비나 한화로 결제가 가능할 뿐 아니라 가격도 비교적 합리적이다.

dì èr kè
第二课

huàn dēng jī pái
换登机牌

gōngzuòrényuán xiānsheng nín de hù zhào
工作人员：先生, 您的护照！

lǐ mínzhǔ gěi nín máfan nín gěi wǒ yí gè qiánpái kào chuāng de zuòwèi
李民主：给您。麻烦您给我一个前排靠窗的座位。

gōngzuòrényuán qǐng bǎ xíngli fàngshàng
工作人员：请把行李放上。

lǐ mínzhǔ hǎode
李民主：好的。

gōngzuòrényuán zhè shì nín de dēng jī pái qǐng jìn hǎiguān jiǎnchá hòu zài wǔ hào dēngjīkǒu jiǔ diǎnbàn yǐqián dēngjī
工作人员：这是您的登机牌, 请进海关检查后, 在5号登机口, 9点半以前登机。

lǐ mínzhǔ xièxie hángbānzhǔndiǎn ma
李民主：谢谢。航班准点吗？

gōngzuòrényuán mùqián méi shuō wǎn diǎn
工作人员：目前 没说晚点。

새단어 生词

hùzhào 1. 护照	míng (名)	여권
máfan 2. 麻烦	dòng xíng míng (动；形；名)	번거롭게 하다, 번거롭다, 번거로움
qiánpái 3. 前排	míng (名)	앞 줄
kào chuāng 4. 靠窗	cí zǔ (词组)	창가 쪽
zuòwèi 5. 座位	míng (名)	좌석, 자리
xíngli 6. 行李	míng (名)	짐, 수하물
fàng 7. 放	dòng (动)	놓다, 넣다
dēng jī pái 8. 登机牌	míng (名)	탑승권
hǎi guān 9. 海关	míng (名)	세관
jiǎnchá 10. 检查	dòng (动)	검사하다
dēngjīkǒu 11. 登机口	míng (名)	탑승구
dēngjī 12. 登机	dòng (动)	탑승하다
hángbān 13. 航班	míng (名)	항공편
zhǔndiǎn 14. 准点	xíng (形)	시간에 맞다, 정시에
mùqián 15. 目前	míng (名)	지금
wǎndiǎn 16. 晚点	dòng (动)	연착하다

문법포인트

1. 동사 给

뒤에 대상을 붙어서 "~에게 주다"는 의미를 나타낸다. 한 개 또는 두 개의 목적어를 가질 수 있다.

kuàigěi wǒ ba
1) 快给我吧！(빨리 저한테 주세요.)

lǎoshīgěi wǒ yì běnhàn yǔ shū
2) 老师给我一本汉语书。(선생님이 저한테 중국어 책 한 권을 주셨어요.)

2. "把"字句

1) 일반적으로 행위자가 동작의 대상을 어떻게 처리하는지를 강조하기 위해 동작의 대상(목적)을 동사 앞으로 전치시킬 때 목적어 앞에 쓴다.

wǒ bǎ jīntiān de zuò yè zuòwán le
① 我把今天的作业做完了。(저 오늘 숙제를 다 했어요.)

mā ma bǎ yī fu ná zǒu le
② 妈妈把衣服拿走了。(엄마가 옷을 가져가셨어요.)

2) 능원동사, 일반부사, 부정사는 "把" 앞에 위치하며, 행위자는 생략이 가능하다.

wǒ xiǎng bǎ nà běnshūjiègěi tā
① 我想把那本书借给她。(저는 그 책을 그녀에게 빌려주고 싶어요.)

dìdi yǐjīng bǎ miànbāochī le
② 弟弟已经把面包吃了。(남동생이 이미 빵을 먹어버렸어요.)

nǐ bié bǎ qiánbāonòngdiū le
③ 你别把钱包弄丢了。(지갑 잃어버리지마.)

qǐng bǎ nà bēishuǐgěi wǒ xièxie
④ 请把那杯水给我, 谢谢！(그 물 저한테 주세요, 고마워요.)

* 다음 질문에 중국어로 대답해 주세요.

1. 换登机牌需要什么证件？
2. 李民主想要什么座位？
3. 李民主有行李吗？行李超重了吗？
4. 飞机晚点了吗？

商务会话练习 비즈니스 회화연습

你坐飞机的时候喜欢坐靠窗的座位还是过道的座位, 为什么？

* 잘 따라 읽으면서 익혀 보세요!

máfan nín gěi wǒ yí gè qiánpái kào chuāng de zuòwèi
麻烦您给我一个前排靠窗的座位。

zhè shì nín de dēng jī pái
这是您的登机牌。

상용 어휘 및 표현

tóu děngcāng / shāng wù cāng 头等舱 / 商务舱	일등석 / 비즈니스석	qǐ fēi 起飞	이륙하다
jīng jì cāng 经济舱	일반석	jiàng luò 降落	착륙하다
tuō yùn xíng li 托运行李	수하물 위탁	miǎnshuì 免税	면세
chāozhòng 超重	중량초과	jī nèi cān 机内餐	기내식

商务提示

zhōngguó gè dà zhǔyào chéngshì dōu yǒu guójì jīchǎng yóuyú jīchǎng yìbān dōu lí
中国各大主要城市都有国际机场。由于机场一般都离
shìzhōngxīn bǐjiào yuǎn zuìhǎo tíqián chūfā yǐmiǎn cuòguò dāchéng fēijī shíjiān tèbiéshì
市中心比较远，最好提前出发，以免错过搭乘飞机时间。特别是
běijīng shànghǎi zhèyàng de dàchéngshì dǔchē bǐjiào yánzhòng gèng yào zǎo yìxiē chūfā lìngwài
北京，上海这样的大城市，堵车比较严重，更要早一些出发。另外
jīchǎng lǚkè bǐjiào duō bànlǐ chéngjī shǒuxù jí rùguān jiǎnchá dōu xūyào hěn cháng shíjiān
机场旅客比较多，办理乘机手续及入关检查都需要很长时间，
suǒyǐ guójì hángbān zuìhǎo tíqián liǎng gè bàn dào sān gè xiǎoshí zuǒyòu dào jīchǎng bǐjiào hǎo
所以国际航班最好提前两个半到三个小时左右到机场比较好。

중국의 주요 도시에는 국제공항이 있다. 공항이 대체로 시 중심으로부터 비교적 멀리 떨어져 있기 때문에, 미리 출발해서 공항에 일찍 도착해야 탑승 시간을 놓치지 않는다. 특히 베이징, 상하이 같은 대도시에서는 길이 매우 심하게 막히기 때문에 생각보다 훨씬 일찍 출발해야 한다. 이 외에도 공항에는 여행객들이 많고 탑승수속이나 출입국 수속에도 긴 시간이 소요되기 때문에, 국제선을 타기 위해서는 2-3시간 전에 공항에 도착하는 편이 좋다.

登机牌：탑승권

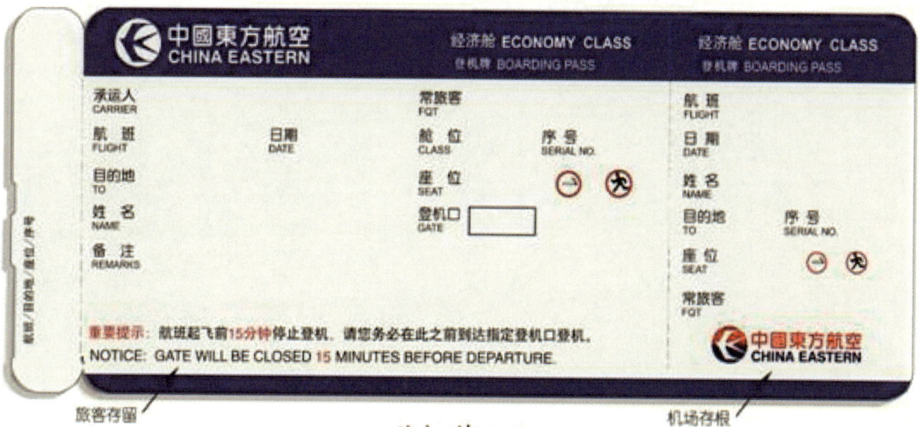

登机牌正面

dì sān kè
第三课

hǎi guān jiǎn chá
海关检查

chūrùjìngguānyuán　xiānsheng qǐngchū shì nín de hù zhào
出入境官员：先生，请出示您的护照。

lǐ mín zhǔ　hǎo gěinín
李民主：好，给您。

chūrùjìngguānyuán　nín shì nǎ guórén
出入境官员：您是哪国人？

lǐ mín zhǔ　wǒ shì hánguórén　lái zhōngguó qiāndìng màoyì hétóng de
李民主：我是韩国人，来中国签订贸易合同的。

chūrùjìngguānyuán　nín dǎ suàn zài zhōng guó dāi duō cháng shí jiān
出入境官员：您打算在中国呆多长时间？

lǐ mín zhǔ　dàyuē liǎnggè xīngqī
李民主：大约两个星期。

chūrùjìngguānyuán　qǐng chūshì nín de rùjìng dēng jì kǎ
出入境官员：请出示您的入境登记卡。

lǐ mín zhǔ　hǎo de　zhè shì wǒ de rùjìng dēng jì kǎ
李民主：好的，这是我的入境登记卡。

chūrùjìngguānyuán　hǎole　shōuhǎozhèngjiàn　qǐng dào hǎi guān qù
出入境官员：好了，收好证件，请到海关去。

새단어 生词

chū shì 1. 出示	dòng (动)	보여주다
guó guójiā 2. 国, 国家	míng (名)	나라
rén 3. 人	míng (名)	사람
màoyìhétong 4. 贸易合同	míng (名)	무역 계약
qiāndìng 5. 签订	dòng (动)	체결하다
dāi tíngliú 6. 呆, 停留	míng (名)	머무르다
shōuhǎo 7. 收好	míng (名)	잘 챙기다
rùjìngdēngjìkǎ 8. 入境登记卡	míng (名)	입국신고서

문법포인트

1. 부사 大约 : 대략적인 수량을 표현할 때 쓴다.

wǒ men dà yuēliǎngdiǎndàojiā
我们大约两点到家。(저희 대략 두 시쯤 집에 도착해요.)

cóng wǒ jiādàogōng sī zǒu lù dà yuēshífēnzhōng
从我家到公司走路大约10分钟。(우리집에서 회사까지 걸어서 대략 십분 정도 걸려요.)

2. 到…去

"到"는 목적동사이며 목표를 나타내는 명사 앞에 쓰여 "~로 간다"라는 뜻을 나타낸다. 去와 의미가 같다.

nǐ mǎ shàngdàogōng sī qù   nǐ mǎ shàng qù gōng sī
你马上到公司去 = 你马上去公司。(바로 회사에 가라.)

* 다음 질문에 중국어로 대답해 주세요.

李民主现在最可能在哪儿?

李民主是哪国人?去中国做什么?

李民主在中国多长时间?

商务会话练习 비즈니스 회화연습

你旅游或者出差一般采用什么交通工具?(飞机, 船, 火车, 私家车 等)

* 잘 따라 읽으면서 익혀 보세요!

qǐngchūshìnín de hù zhào
请出示您的护照。

dàyuēliǎnggèxīngqī
大约两个星期。

상용 어휘 및 표현

qiānzhèng 签证	비자	kàn shè xiàngjìng tóu 看摄像镜头	카메라를 보세요
qǐng zài huángxiàn wài děng hòu 请在黄线外等候	노란 선 뒤에서 대기하세요	zhāi mào zi 摘帽子	모자를 벗으세요
zhǐ wén 指纹	지문	zhāi kǒu zhào 摘口罩	마스크를 벗으세요

商务提示

zhōngguó jīchǎng chūrùjìng hé hánguó yíyàng fēnwài guórén hé běnguórén chuāngkǒu jìnxíng jiǎnchá yě yǒu zìdòng chūrùjìng shěnchá kǒu bǐjiào fāngbiàn zhǐshì rén hěnduō de shíhou měigè shěnchá chuāngkǒu dōu xūyào hěn cháng shíjiān

中国机场出入境和韩国一样，分外国人和本国人窗口进行检查，也有自动出入境审查口，比较方便。只是人很多的时候，每个审查窗口都需要很长时间。

중국의 공항에서 출입국수속은 한국과 같이 외국인과 중국인 별도 창구에서 검사를 진행하지만, 기계를 통한 출입국 자동 심사가 비교적 편리하다. 사람이 많으면 심사 창구마다 오랜 시간을 대기해야 한다.

外国人出入境卡(외국인 출입국카드)

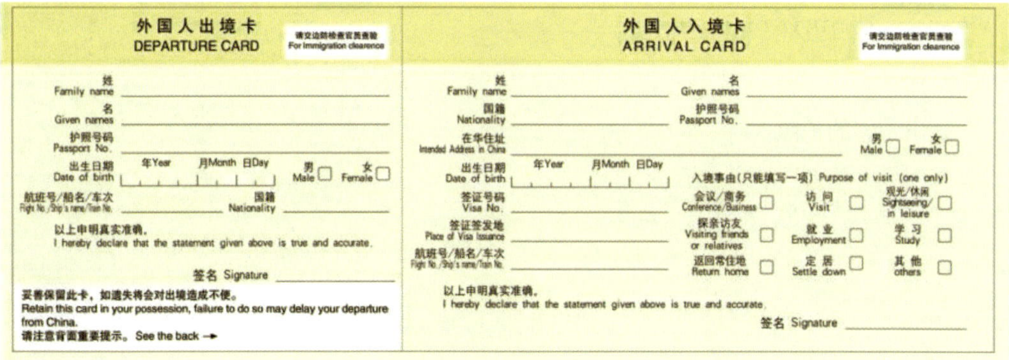
外国人出境卡
DEPARTURE CARD
请交边防检查官员查验
For Immigration clearence
姓 Family name
名 Given names
护照号码 Passport No.
出生日期 Date of birth 年Year 月Month 日Day
男 Male 女 Female
航班号/船名/车次 Flight No./Ship's name/Train No.
国籍 Nationality
以上申明真实准确。
I hereby declare that the statement given above is true and accurate.
签名 Signature
妥善保留此卡，如遗失将会对出境造成不便。
Retain this card in your possession, failure to do so may delay your departure from China.
请注意背面重要提示。 See the back →

外国人入境卡
ARRIVAL CARD
请交边防检查官员查验
For Immigration clearence
姓 Family name
名 Given names
国籍 Nationality
护照号码 Passport No.
在华住址 Intended Address in China
男 Male 女 Female
出生日期 Date of birth 年Year 月Month 日Day
入境事由(只能填写一项) Purpose of visit (one only)
会议/商务 Conference/Business
访问 Visit
观光/休闲 Sightseeing/in leisure
探亲访友 Visiting friends or relatives
就业 Employment
学习 Study
返回常住地 Return home
定居 Settle down
其他 others
签证号码 Visa No.
签证签发地 Place of Visa Issuance
航班号/船名/车次 Flight No./Ship's name/Train No.
以上申明真实准确。
I hereby declare that the statement given above is true and accurate.
签名 Signature

dì sì kè
第四课

yíng jiē kè hù
迎接客户

zhāng bō　nín shìcóng hánguó lái de lǐ mínzhǔ xiānshēng ba
张　波　：您是从韩国来的李民主先生吧！

lǐ mínzhǔ　shì a　qǐngwènnínshì
李民主　：是啊，请问您是…？

zhāng bō　wǒ shì shànghǎi jìsuànjī gōngsī de zhāngbō　gōngsī pài wǒ lái jiē nín　zhè shì wǒ de míngpiàn
张　波　：我是上海计算机公司的张波，公司派我来接您，这是我的名片。

lǐ mínzhǔ　xièxie　hěngāoxìngrènshinín
李民主　：谢谢，很高兴认识您。

zhāng bō　lùshàng xīnkǔ le
张　波　：路上辛苦了。

lǐ mínzhǔ　méiguānxi　yìdiǎnr yě búlèi
李民主　：没关系，一点儿也不累。

zhāng bō　nín de xíngli dōu dào qí le ma
张　波　：您的行李都到齐了吗？

lǐ mínzhǔ　wǒ de xíngli dōu dào qí le
李民主　：我的行李都到齐了。

zhāng bō　hǎojíle　nà wǒ men kě yǐ chū qù le ma
张　波　：好极了！那我们可以出去了吗？

chēzi jiù zài hòujīshì wàimiàn　wǒ sòngnín qù jiǔdiàn
车子就在候机室外面，我送您去酒店。

새단어 生词

1. 迎接 yíngjiē	(动) dòng	마중하다, 영접하다
2. 计算机, 电脑 jìsuànjī diànnǎo	(名) míng	컴퓨터(计算器 jìsuànqì : 계산기)
3. 公司 gōngsī	(名) míng	회사
4. 派 pài	(动) dòng	파견하다(派遣 pàiqiǎn)
5. 名片 míngpiàn	(名) míng	명함
6. 辛苦 xīnkǔ	(名, 动, 形) míng dòng xíng	고생(하다), 수고롭다
7. 疲劳 píláo	(形) xíng	피곤하다
8. 行李 xíngli	(名) míng	짐
9. 到, 到达 dào dàodá	(动) dòng	도착하다
10. 离开 líkāi	(动) dòng	떠나다, 출발하다
11. 车 chē	(名) míng	차
12. 候机室 hòu jī shì	(名) míng	대합실
13. 送 sòng	(动) dòng	보내다
14. 到齐 dào qí	(动) dòng	모두 도착하다(齐 qí는 완전히, 모두의 의미)
15. 酒店 jiǔdiàn	(名) míng	호텔

문법포인트

1. 一点儿也 + 不 / 没 + 형용사, 동사

조금도 ~하지 않다 / 조금도 ~하지 않았다

다음에 형용사나 동사가 와서 “조금도 ~하지 않다”는 뜻을 나타낸다.

hàn yǔ yì diǎn r yě bù nán
1) 汉语一点儿也不难。
(중국어는 조금도 어렵지 않습니다.)

rì yǔ wǒ yì diǎn r yě bú huì
2) 日语我一点儿也不会。
(저는 일본어를 조금도 모릅니다.)

wǒ jīntiānzǎofàn yì diǎn r yě méichī
3) 我今天早饭一点儿也没吃。
(오늘 저는 아침 밥을 조금도 먹지 않았습니다.)

2. ~ + 极了

형용사 뒤에 붙어서 정도가 매우 심함을 표현하다.

zhōngguónánfāng de xiàtiān rè jí le
1) 中国南方的夏天热极了! (중국 남방의 여름은 정말 더워요.)

zhōu mò láigōngyuányùndòng de rénduō jí le
2) 周末来公园运动的人多极了! (주말 공원에 와서 운동하는 사람이 아주 많아요.)

* 다음 질문에 중국어로 대답해 주세요.

1) 有人来机场接李民主吗？他们原来认识吗？
2) 李民主还要等行李出来吗？
3) 他们怎么离开机场？

商务会话练习 비즈니스 회화연습

你去机场接过或送过人吗？

* 잘 따라 읽으면서 익혀 보세요!

zhèshìwǒdemíngpiàn
这是我的名片。

wǒdexínglidōudàoqíle
我的行李都到齐了。

상용 어휘 및 표현

ná xíng li 拿行李	짐을 들다	dǎ chē 打车	택시를 잡다 / 타다
tíng chē chǎng 停车场	주차장	pái duì 排队	줄을 서다
jī chǎng bā shì 机场巴士	공항버스	shàng chē 上车	차에 타다

商务提示

shāngwù huódòng zhōng yíngjiē kèhù shì fēicháng zhòngyào de yǐngxiǎng dào hézuò de chéngbài
商务活动中迎接客户是非常重要的，影响到合作的成败。
chūcì jiànmiàn de shíhou zhōngguórén búxiàng hánguó rén xiàng niánzhǎng de rén huò shàng jí jū gōng
初次见面的时候，中国人不像韩国人向年长的人或上级鞠躬，
zhōng guó rén yì bān qíngkuàng xià xiāng hù wò shǒu diǎn tóu zhì lǐ
中国人一般情况下相互握手，点头致礼。

비즈니스 활동에서 고객 영접은 매우 중요해서 협력의 성패에 영향을 미칠 정도이다. 처음 만났을 때 중국인들은 한국인들처럼 연장자나 급이 높은 사람에게 허리를 숙여 인사하지 않고, 일반적으로 악수하고 고개를 약간 숙여 예를 표한다.

dì wǔ kè
第五课

rù zhù dēng jì
入住登记

zhāng bō nínhǎo wǒ zài nǐmen jiǔdiàn gěi kè hù yùdìng le yí gè dānrén jiān bàn
张　　波：您好，我在你们酒店给客户预订了一个单人间，办

yíxià rùzhù hǎo ma
一下入住好吗？

jiǔdiànzhíyuán hǎode yòngshuí de míng zi yù dìng de
酒店职员：好的。用谁的名字预订的？

zhāng bō lǐ mínzhǔ
张　　波：李民主。

jiǔdiànzhíyuán shāoděng wǒ chá yí xià
酒店职员：稍等，我查一下。

zài diàn nǎo shàng sōu suǒ xìn xī
(在电脑上搜索信息)

jiǔdiànzhíyuán chá dào le qǐng ná yí xià zhèngjiàn tián yíxià rùzhù dēng jì biǎo lìngwài jiāo
酒店职员：查到了。请拿一下证件，填一下入住登记表，另外交

liǎngqiānkuài yājīn
两千块押金。

lǐ mín zhǔ zhè shì wǒ de zhèngjiàn yājīn kěyǐ shuā kǎ ma
李 民 主：这是我的证件。押金可以刷卡吗？

jiǔdiànzhíyuán méi wèntí zhè shì nín de fángkǎ fángjiān hào shì yāoyāolíngwǔ qǐng zuò diàn tī dào
酒店职员：没问题。这是您的房卡，房间号是1105，请坐电梯到

shíyī lóu
11楼。

zhāng bō nín xiū xi ba
张　　波：您休息吧！

lǐ mín zhǔ hǎode xiè xie
李 民 主：好的，谢谢。

새단어 生词

yùdìng 1. 预订	dòng (动)	예약하다
jiǔdiàn 2. 酒店	míng (名)	호텔
dānrén jiān 3. 单人间	míng (名)	1인 실, 싱글룸
bàn 4. 办	dòng (动)	처리하다
rù zhù 5. 入住	dòng (动)	체크인, 입실하다
chá 6. 查	dòng (动)	검색하다, 검사하다
ná 7. 拿	dòng (动)	꺼내다, 가지고 있다, 들다
zhèngjiàn 8. 证件	míng (名)	증명서류 (신분증, 여권 등)
tián 9. 填	dòng (动)	기입하다, 채우다
dēng jì biǎo 10. 登记表	míng (名)	기록카드
yā jīn 11. 押金	míng (名)	보증금
shuā kǎ 12. 刷卡	dòng (动)	카드를 긁다
fáng kǎ 13. 房卡	míng (名)	호텔방카드
diàn tī 14. 电梯	míng (名)	엘리베이터
lóu 15. 楼	míng (名)	층, 건물, 빌딩
xiū xi 16. 休息	dòng (动)	휴식하다

문법포인트

1. 拿

상황에 따라 여러가지 의미가 있다.

bǎ xíng li lǐ de dōng xi ná chūlái
1) 把行李里的东西拿出来。꺼내다.

(짐 안의 물건을 꺼내세요.)

zhè ge hái zi bú huì ná kuài zi
2) 这个孩子不会拿筷子。잡다.

(이 아이는 젓가락을 잡을 줄 몰라요.)

wǒ bāng nǐ ná xíng li ba nǐ xiū xi xiū xi
3) 我帮你拿行李吧, 你休息 休息。들다.

(내가 짐을 대신 들어 줄게, 너는 좀 쉬어.)

lǎoshī gěi wǒ men ná le hěnduō hǎochī de dōng xi
4) 老师给我们拿了很多 好吃的东西。가지다.

(선생님이 저희를 위해 맛있는 것을 많이 가져왔어요.)

2. 没问题와 没事(儿)

1) 没问题 : 부탁을 받았을 때 "문제 없다" "괜찮다" 등 시원하게 대답할 때 많이 쓴다.

néngjiè wǒ yí xià nǐ de bǐ ma
A : 能借我一下你的笔吗?(펜을 좀 빌릴 수 있을까요?)

méiwèn tí gěi nǐ
B : 没问题, 给你。(괜찮아요, 여기요.)

2) 没事(儿) : 상대방에게 감사 또는 미안함을 표할 때 没关系와 똑같이 "괜찮다"는 의미를 표현하다.

jīntiānzhēnxièxie nǐ
A：今天真谢谢你！

(오늘 정말 감사합니다!)

méishì r
B：没事(儿)！

(별말씀을요 또는 괜찮습니다.)

duì bu qǐ cǎidào nǐ de jiǎo le
A：对不起, 踩到你的脚了！

(발을 밟아서 죄송합니다.)

méishì r
B：没事(儿)！

(괜찮습니다.)

* 다음 질문에 중국어로 대답해 주세요

1. 李民主是自己订的酒店吗？ 他的房间在几楼？
2. 入住需要交多少押金？必须是现金吗？
3. 入住宾馆需要填什么表？

商务会话练习 비즈니스 회화연습

你预订过酒店房间吗？一般订含早餐还是不含早餐的？

* 잘 따라 읽으면서 익혀 보세요!

qǐngtián yíxià rùzhù dēng jì biǎo
请填一下入住登记表。

kě yǐshuā kǎ ma
可以刷卡吗？

zhèshìnín de fángkǎ
这是您的房卡。

rù zhù dēng jì biǎo
入住登记表

호텔 체크인 카드를 작성해 보세요

gù kèxìngmíng
顾客姓名：

gù kèdiànhuà shǒujī
顾客电话 / 手机：

gù kè dìzhǐ
顾客地址：

gù kèdiànzǐyóujiàn
顾客电子邮件(E-mail)：

jǐn jíliánluòrén liánluòdiànhuà
紧急联络人 / 联络电话：

fángjiān 房间：	
biāozhǔnjiān (　　) 标准间	dānrénjiān (　　) 单人间
shāng wù tàojiān (　　) 商务套间	háohuátàojiān (　　) 豪华套间
tèbié fúwù 特别服务	
jiàoxǐng fúwù (　　) 叫醒服务	chuánzhēn guójì diànhuà (　　) 传真 / 国际电话
zǎocān fúwù (　　) 早餐服务	wǎngluò fúwù (　　) 网络服务
fù kuǎnfāngshì 付款方式	
xiànjīn (　　) 现金	xìnyòng kǎ (　　) 信用卡

gù kè qiānmíng
顾客签名：

rù zhù rì qī
入住日期：

퀴즈

猜谜 1

yǒu shí luò zài shān yāo
有时落在山腰

yǒu shí guà zài shù shāo
有时挂在树梢

yǒu shí xiàng gè yuán pán
有时像个圆盘

yǒu shí xiàng bǎ lián dāo
有时像把镰刀

단어정리

yǒu shí 有时	어느 때	shù shāo 树梢	나무 끝
shān yāo 山腰	산허리	yuán pán 圆盘	둥근 쟁반
guà zài 挂在	~에 걸리다	lián dāo 镰刀	낫(도구)

dì liù kè
第六课

shāng wù rì chéng
商务日程

lǐ mín zhǔ　mingtiān de rìchéngdōudìng xiàlái le ma
李民主　：明天的日程都定下来了吗？

zhāng bō　wǒmen chūbù zuò le gè rìchéngbiǎo nín juéde zěnmeyàng
张　波　：我们初步做了个日程表。您觉得怎么样？

lǐ mín zhǔ　rì chéng yǒu diǎn r jǐn zhāng
李民主　：日程有点儿紧张。

zhāng bō　yǒu shénme wèn tí ma
张　波　：有什么问题吗？

lǐ mín zhǔ　wǒ juéde bǎ shàng xiàwǔ de rìchéng huàn yíxià bǐjiào hǎo
李民主　：我觉得把上下午的日程换一下比较好。

zhāng bō　wǒmen xiān qù cānguān gōngchǎng ránhòu qù bàngōngshì xíngma
张　波　：我们先去参观工厂，然后去办公室，行吗？

lǐ mín zhǔ　hǎo de
李民主　：好的。

새단어 生词

1. 日程 (rìchéng)	(名) (míng)	일정
2. 初步 (chūbù)	(副) (fù)	초보적인, 대체적으로
3. 日程表 (rìchéngbiǎo)	(名) (míng)	일정표
4. 紧(紧张) (jǐn jǐnzhāng)	(形) (xíng)	빡빡하다
5. 换 (huàn)	(动) (dòng)	바꾸다
6. 参观 (cān guān)	(动) (dòng)	구경하다
7. 先…然后 (xiān rán hòu)	(连) (lián)	우선 … 다음

문법포인트

1. 有点儿 + 형용사

"약간(좀) ~하다"는 의미. 부정적인 느낌을 표현한다.

hànyǔ yǒudiǎnr nán
汉语有点儿难。(O)
(중국어는 조금 어려워요.)

hànyǔ yǒudiǎnr róngyì
汉语有点儿容易。(X)
(중국어는 조금 쉬워요.)

fángjiān lǐ yǒudiǎnr lěng
房间里有点儿冷。(O)
(방 안이 조금 추워요.)

fángjiān lǐ yǒudiǎnr liángkuai
房间里有点儿凉快。(X)
(방 안이 조금 시원해요.)

2. 紧张

1) 정신적으로 긴장하다는 의미

jīntiān wǒ cānjiāmiànshì de shíhouhěnjǐnzhāng
今天我参加面试的时候很紧张。(오늘 제가 면접을 볼 때 매우 긴장했어요.)

2) 시간이 긴박하다. 자금, 인력, 물자가 부족하다.

jiǔdiǎnde fēijī xiànzàiyǐjīng bā diǎnbàn le shíjiān tài jǐnzhāng le
a) 9 点的飞机, 现在已经 8 点半了, 时间太紧张了。

(9시 비행기인데, 지금 벌써 8시반이네요. 시간이 너무 빡빡해요.)

zuìjìngōng sī bú tàihǎo zī jīn qián yǒudiǎn r jǐn zhāng
b) 最近公司不太好, 资金(钱)有点儿紧张。

(요즘 회사 상황이 안 좋아서 자금이 좀 부족해요.)

* 다음 질문에 중국어로 대답해 주세요.

1. 他们的日程表定好了吗？
2. 李民主同意这个日程吗？
3. 他们上午的日程是什么？

商务会话练习 비즈니스 회화연습

如果旅游或者出差一般你喜欢把日程安排得紧一些还是随便一些？

* 잘 따라 읽으면서 익혀 보세요!

nín juéde zěnmeyàng
您觉得怎么样？

rì chéngyǒudiǎn r jǐnzhāng
日程有点儿紧张。

상용 어휘 및 표현

chǎng qū 厂区	공장 구역	kù fáng 库房	창고
chǎngfáng 厂房	공장	bàn gōng lóu 办公楼	사무동
shēngchǎn chē jiān 生产车间	작업실, 생산라인	huì yì shì 会议室	회의실

商务提示

zài shāngwù huódòng zhōng yóuyú kèhù chūchāi de qījiān yǒuxiàn suǒyǐ zuìhǎo hélǐ
在商务活动中，由于客户出差的期间有限，所以最好合理
de ānpái shāngwù rìchéng jìyào kǎolǜ gōngzuò xiàolǜ háiyào kǎolǜ dào kè hù de xiū xi
地安排商务日程。既要考虑工作效率，还要考虑到客户的休息。

비즈니스 활동에서 고객의 출장 시간은 한정돼 있다. 따라서 비즈니스 일정은 합리적으로 배분하는 게 가장 중요하다. 이 때 일의 효율 뿐 아니라 고객의 휴식도 함께 고려해서 일정을 짜야 한다.

dì qī kè
第七课

cān guān qǐ yè
参观企业

lǐ mín zhǔ　　nǐmen gōngchǎng de guīmó tǐngdà de　nǐmen yǒu jǐtiáo shēngchǎnxiàn
李民主　：你们工厂的规模挺大的。你们有几条生产线？

chǎng zhǎng　　wǒmenyǒuliùtiáoshēngchǎnxiàn
厂　长　：我们有六条生产线。

lǐ mín zhǔ　　gōngrén bú tàiduō a
李民主　：工人不太多啊！

chǎng zhǎng　　wǒmen de shēngchǎnxiàn dàdoū shì zìdònghuà shēngchǎn suǒyǐ gōngrén bútàiduō
厂　长　：我们的生产线大都是自动化生产，所以工人不太多。

lǐ mín zhǔ　　guàibu dé　héjǐniánqiánxiāngbǐ　nǐmen de gōngchǎng dàbù yíyàng le
李民主　：怪不得。和几年前相比，你们的工厂大不一样了。

chǎng zhǎng　　jīntiān nǐ cháng yíxià wǒmengōngchǎng shítáng de fàn ba
厂　长　：今天你尝一下我们工厂食堂的饭吧。

lǐ mín zhǔ　　hǎo a
李民主　：好啊！

새단어 生词

cānguān 1. 参观	dòng (动)	견학하다
gōngchǎng 2. 工厂	míng (名)	공장
guīmó 3. 规模	míng (名)	규모
dà 4. 大	xíng (形)	크다
hěn xiāngdāng 5. 很, 相当	fù (副)	상당히, 굉장히
shēngchǎnxiàn 6. 生产线	míng (名)	생산라인
gōngrén 7. 工人	míng (名)	근로자, 노동자 / 工会(gōnghuì) : 노동조합
duō 8. 多	xíng (形)	많다
zìdònghuà 9. 自动化	míng (名)	자동화
bǐ 10. 比	dòng jiè (动, 介)	~에 비해, ~보다
cháng 11. 尝	dòng (动)	맛보다
chǎngzhǎng 12. 厂长	míng (名)	공장장

문법포인트

1. 不太~

별로(그다지) ~하지 않다. 정도가 그렇게 심하지 않다는 뜻.

zhè lǐ de shēngchǎnxiàn bú tài duō
1) 这里的生产线不太多。(여기의 생산라인이 그다지 많지 않네요.)

wǒ bú tài xǐ huanzhōngguó de xiāngcài
2) 我不太喜欢中国的香菜。(나는 중국의 고수를 별로 좋아하지 않아요.)

2. 和~相比

두 대상을 비교할 때 쓴다.

wǒ de chéng jì hé nǐ xiāng bǐ chàhěnduō
1) 我的成绩和你相比差很多。

(내 성적은 너와 비교하면 많이 떨어져.)

hé zhè jiā de chǎnpǐnxiāng bǐ nà jiā de chǎnpǐngènghǎo
2) 和这家的产品相比那家的产品更好。

(이 회사 제품과 비교하면 그 회사 제품이 훨씬 좋아요.)

* 다음 질문에 중국어로 대답해 주세요.

1) 他们工厂有几条生产线？
2) 他们工厂为什么工人不太多？
3) 他们今天在哪儿吃饭？

商务会话练习 비즈니스 회화연습

你喜欢在你们公司或者学校的食堂吃还是到外面的饭店吃？

* 잘 따라 읽으면서 익혀 보세요!

nǐmengōngchǎngdeguīmótǐngdàde
你们工厂的规模挺大的。

wǒmenyǒuliùtiáoshēngchǎnxiàn
我们有六条生产线。

상용 어휘 및 표현

shè bèi 设备	설비	jì shù gōng rén / gōngchéng shī 技术工人 / 工程师	기사 / 엔지니어
jī qì 机器	기계	xiū lǐ 修理	수리하다

商务提示

wèile ràng kèhù gènghǎo de liǎojiě chǎngjiā de guīmó shēngchǎnhuánjìng chǎnpǐn shēngchǎn
为了让客户更好地了解厂家的规模, 生产环境, 产品生产
liúchéngděng cānguān qǐ yè qǐ dào fēichángzhòngyào de zuòyòng tèbiéshì tōngguò qīnyǎn mù dǔ
流程等, 参观企业起到非常重要的作用。特别是通过亲眼目睹
kě yǐ liǎo jiě dào hé zuò chǎng jiā de shēngchǎnnéng lì tí shēngxiāng hù cháng qī hé zuò de xìn lài
可以了解到合作厂家的生产能力, 提升相互长期合作的信赖。

고객이 공장의 규모, 생산 환경, 제품 생산과정 등을 더 잘 이해하려면 기업을 방문해서 견학하는 일이 매우 중요하다. 특히 직접 눈으로 보고 협력 업체 공장의 생산능력을 이해함으로써 상호간의 장기적인 협력을 위한 신뢰를 높일 수 있다.

dì bā kè
第八课

diàn huà yuē jiàn
电话约见

jīnbùzhǎng　wèi nínhǎo zhèlǐ shì sān gōngsī
金部长　：喂！您好，这里是三A公司。

zhāng bō　nínhǎo qǐngzhuǎn hǎiwài shìyè bù de jīnbùzhǎng
张　波　：您好，请转海外事业部的金部长。

jīnbùzhǎng　wǒ jiùshì
金部长　：我就是。

zhāng bō　ā nínhǎo wǒ shì huì tōnggōng sī de zhāng bō zhè cì wǒ gōngsī zài shǒu ěr shèlì le bànshìchù xiǎng hé nín jiàn yíxià
张　波　：啊！您好！我是汇通公司的张波，这次我公司在首尔设立了办事处，想和您见一下。

jīnbùzhǎng　méi wèntí míngtiānxiàwǔ zěnmeyàng míngtiānxiàwǔliǎngdiǎn yǐhòu wǒ yǒukòng r
金部长　：没问题，明天下午怎么样？明天下午两点以后我有空儿。

zhāng bō　hǎode nàme míngtiānxiàwǔliǎngdiǎn wǒ qù nín gōngsī bàifǎng nín
张　波　：好的，那么明天下午两点，我去您公司拜访您。

jīnbùzhǎng　nín zhīdào wǒmen gōngsī de wèizhì ma
金部长　：您知道我们公司的位置吗？

zhāng bō　zhī dào mào yì zhōng xīn shíbā lóu
张　波　：知道，贸易中心18楼。

jīnbùzhǎng　hǎo de nà míngtiānjiàn
金部长　：好的，那明天见！

새단어 生词

gōngsī 1. 公司	míng (名)	회사
hǎi wài 2. 海外	míng (名)	해외
shì yè bù 3. 事业部	míng (名)	사업부
shǒu ěr 4. 首尔	míng (名)	서울
shè lì 5. 设立	dòng (动)	설립하다
bàn shì chù 6. 办事处	míng (名)	사무소
méi wèn tí 7. 没问题	cí zǔ (词组)	문제 없다, 좋다
yǒu kòng r 8. 有空儿	cí zǔ (词组)	시간이 있다
bài fǎng 9. 拜访	dòng (动)	방문하다, 찾아뵙다
wèi zhì 10. 位置	míng (名)	위치
mào yì 11. 贸易	míng (名)	무역
zhōng xīn 12. 中心	míng (名)	센터

문법포인트

1. 怎么样

어떤 일이나 사물에 대해 상대방의 의견을 구할 때 많이 씀.

nínjué de zhè ge chǎnpǐnzěn me yàng
1) 您觉得这个产品怎么样？(이 제품에 대해 어떻게 생각해요?)

zhōngguó de shēnghuózěn me yàng
2) 中国的生活怎么样？(중국 생활 어때요?)

2. 空儿

틈, 한가한 시간.

nǐ jīntiānwǎnshangyǒukòng r ma wǒmen yìqǐ kàndiànyǐng
1) 你今天晚上有空儿吗？我们一起看电影。(오늘 저녁에 시간 있어? 같이 영화 보러 가자.)

duìbuqǐ míngtiānxiàwǔ wǒ méikòng r
2) 对不起, 明天下午我没空儿。(미안해, 난 내일 오후에 시간이 없어.)

* 다음 질문에 중국어로 대답해 주세요.

1. 金部长在哪个部门工作？
2. 他们约好什么时候见面？
3. 他们公司在什么地方？

商务会话练习 비즈니스 회화연습

打电话邀请朋友周末一起出去玩儿!

* 잘 따라 읽으면서 익혀 보세요!

wǒ gōngsī zài shǒu ěr shèlì le bànshìchù
我公司在首尔设立了办事处。

míngtiān xiàwǔ liǎngdiǎn yǐhòu wǒ yǒu kòngr
明天下午两点以后我有空儿。

상용 어휘 및 표현

dǒng shì zhǎng 董事长	대표이사	chǎngzhǎng 厂长	공장장
cháng wù dǒng shì 常务董事	상무이사	bàn shì chù 办事处	사무처
zǒngjīng lǐ 总经理	최고경영자, 사장	fēn gōng sī 分公司	지사
bù mén jīng lǐ 部门经理	부서장		

商务提示

zài shāngwù huódòng zhōng dǎdiànhuà shì yí gè jìqiǎo tōngguò diànhuà kěyǐ fǎnyìng chū
在商务活动中，打电话是一个技巧，通过电话可以反映出
duìfāng gōngsī zhíyuán de yèwù sùzhì shènzhì kěyǐ fǎnyìng chū duìfāng gōngsī de guǎnlǐ
对方公司职员的业务素质，甚至可以反映出对方公司的管理
shuǐpíng lìngwài zuìjìn gōngzuò dōu ānpái de hěnmáng yīncǐ zuìhǎo shìxiān diànhuà yùyuē hòu
水平。另外，最近工作都安排得很忙，因此最好事先电话预约后
zài bàifǎng bùrán huì dǎrǎo duìfāng de gōngzuò hé jìhuà
再拜访，不然会打扰对方的工作和计划。

비즈니스 활동 중 전화 걸기는 하나의 기교로서 전화통화를 통해 상대 회사 직원의 업무능력을 알 수 있을 뿐 아니라 상대 회사의 경영관리 수준도 알 수 있다. 상대방이 업무가 매우 바쁘다고 하면, 먼저 전화 예약 후 방문하는 것이 좋다. 그렇지 않으면 상대방 업무와 계획을 방해할 수 있으니 주의해야 한다.

dì jiǔ kè
第九课

bàn gōng shì bài fǎng
办公室拜访

zhāng bō　nínhǎo qǐngwèn hǎiwài shìyè bù de jīnbùzhǎng zài ma
张 波：您好! 请问海外事业部的金部长在吗？

mì shū　nínhǎo nín shì sān gōngsī de zhíyuán ba jīnbùzhǎng zhèngzài bàngōngshì děngnín ne zhèbiānqǐng
秘 书：您好! 您是三A公司的职员吧？ 金部长正在办公室等您呢! 这边请!

zhāng bō　hǎo de xiè xie nín
张 波：好的, 谢谢您!

zhāng bō　jīnbùzhǎng nínhǎo wǒ shì sān gōngsī shǒu ěr bànshìchù de xiǎozhāng zhè shì wǒ de míngpiàn
张 波：金部长!您好! 我是三A公司首尔办事处的小张, 这是我的名片。

jīnbùzhǎng　nǐhǎo rènshi nǐ hěn gāoxìng
金部长：你好! 认识你很高兴!

zhāng bō　xièxie yǐhòu hái qǐng nín duōduō guānzhào
张 波：谢谢! 以后还请您多多关照!

jīnbùzhǎng　wǒ men kě yǐ hù jiā wēi xìn yǒu shì suí shí lián xì
金部长：我们可以互加微信, 有事随时联系。

zhāng bō　hǎo de
张 波：好的。

새단어 生词

zhí yuán 1. 职员	míng (名)	직원
zhèng zài 2. 正在	fù (副)	지금 ~하고 있(는 중이)다(동사 앞에 위치함)
bàn gōng shì 3. 办公室	míng (名)	사무실
děng 4. 等	dòng (动)	기다리다
zhè biān qǐng 5. 这边请	cí zǔ (词组)	이쪽으로 오세요
míngpiàn 6. 名片	míng (名)	명함
rèn shi 7. 认识	dòng (动)	알다
gāo xìng 8. 高兴	xíng (形)	기쁘다
yǐ hòu 9. 以后	míng (名)	앞으로, 나중에
jiā 10. 加	dòng (动)	추가하다
wēi xìn 11. 微信	míng (名)	위챗
duō duō guānzhào 12. 多多关照	cí zǔ (词组)	잘 부탁드립니다
suí shí 13. 随时	fù (副)	언제든지
lián xì 14. 联系	dòng (动)	연락하다

문법포인트

1. 正在 + ~

동사 앞에 "正在, 正, 在", 그리고 어미에 "呢"을 첨가하여 동작의 진행을 나타낸다.

māma zhèngzàizuòfàn ne
1) 妈妈正在做饭(呢)。(엄마가 요리를 하고 있다.)

wánglǎoshīzhènggěitóngxuémenshàngkè ne
2) 王老师正给同学们上课(呢)。(왕 선생님이 학생들에게 수업을 하고 있다.)

tóngxuémenzài dǎ pīngpāngqiú ne
3) 同学们在打乒乓球(呢)。(학우들이 탁구를 치고 있다.)

2. 是~吧？

'~이지요?' 처럼 상대의 의사를 확인하고자 할 때 쓴다

nǐ shìhánguórén ba
1) 你是韩国人吧？(당신은 한국사람이죠?)

jīntiānshìxīngqī tiān ba
2) 今天是星期天吧？(오늘은 일요일이죠?)

* 다음 질문에 중국어로 대답해 주세요.

1. 谁来拜访金部长？
2. 金部长在办公室吗？
3. 他们以后用什么方式联系？

商务会话练习 비즈니스 회화연습

你的手机里有微信吗？如果没有试着安装一个。

如果有，请尝试用微信和中国朋友联系一下。

＊ 잘 따라 읽으면서 익혀 보세요!

qǐngwèn hǎiwàishì yè bù de jīn bù zhǎng zài ma
请问海外事业部的金部长在吗?

wǒ men kě yǐ hù jiā wēixìn yǒushì suí shí lián xì
我们可以互加微信,有事随时联系。

상용 어휘 및 표현

yǔ yīn liáotiān 语音聊天	음성채팅	péng you quān 朋友圈	모멘트
shì pín liáotiān 视频聊天	화상채팅	sǎo mǎ 扫码	QR코드 스캔
shōu fā duǎnxìn 收 / 发短信	(메시지를) 받다 / 보내다	wēi xìn hóng bāo 微信红包	위챗 빨간 패킷
shàngchuán xià zǎi 上传 / 下载	올리다 / 내려받다		

商务提示

zài gēn zhōngguórén yùyuē shíjiān hòu zuìhǎo búyào chídào yě búyào tài zǎodào
在跟中国人预约时间后，最好不要迟到，也不要太早到。
yìbān tíqián wǔdào shí fēn zuì héshì rúguǒ yīn tèbié qíngkuàng bùnéng ànshí dàodá yídìng
一般提前5~10分最合适。如果因特别情况不能按时到达，一定
yào dǎdiànhuà qǔdé liàngjiě zuìjìn zhōngguórén de shāngwù jiāoyì zhōng wēixìn shì juéduì
要打电话取得谅解。最近中国人的商务交易中‘微信’是绝对
bùkě quēshǎo de xiǎng hé zhōngguórén zuò jiāoyì jiù bì xū huì shǐyòng wēi xìn liáotiān gōngjù
不可缺少的。想和中国人做交易就必须会使用‘微信’聊天工具，
kě yǐ wénzì yǔyīn ér qiě yǒu zìdòng fānyì gōngnéng fēichángfāngbiàn
可以文字，语音，而且有自动翻译功能，非常方便。

중국인과 약속했을 경우 지각하지 않아야 하고 또 너무 일찍 도착하지 않는 일도 중요하다. 일반적으로 약속시간 5-10분 전에 도착하는 것이 좋다. 만약 특별한 사정이 있어서 시간에 맞춰 도착할 수 없을 때는 반드시 전화를 해서 양해를 구해야 한다. 최근 중국인의 비즈니스 업무에서는 위챗을 많이 사용한다. 따라서 만약 중국인과 거래를 하려면 '위챗'이라는 앱을 사용해야 하는데, 위챗을 통하면 문자와 음성을 자유롭게 주고받을 수 있을 뿐 아니라 자동번역 기능도 사용할 수 있어서 매우 편리하다.

dì shí kè
第十课

chǎn pǐn zī xún
产品咨询

jīnzhǔrèn　　zhè cì wǒmen xiǎng jìnkǒu yì pī shǒujī chōngdiànqì bùzhīdào nǐmen néngfǒu
金主任　：这次我们想进口一批手机充电器，不知道你们能否

tígòng zhèzhǒng guīgé de ná chū dìnghuòdān
提供这种规格的？(拿出订货单)

zhāng bō　　méi wèntí wǒmen zhǔnbèi le liǎng gè chǎngjiā de zīliào nín kàn yíxià
张　波　：没问题。我们准备了两个厂家的资料，您看一下。

jīn zhǔ rèn　　zhè liǎng jiā de chǎnpǐn yǒu shénme qūbié
金主任　：这两家的产品有什么区别？

zhāng bō　　zhè liǎng jiā dōushì hěn yǒumíng de shǒujī chōngdiànqì chǎngjiā chǎnpǐn zhìliàng
张　波　：这两家都是很有名的手机充电器厂家，产品质量

bùxiāngshàngxià zhǐshì wàiguān shèjì bùyíyàng
不相上下，只是外观设计不一样。

jīnzhǔrèn　　wǒmen xiān bǐjiào yíxià zhè liǎngzhǒngchǎnpǐn de xìngnéng hé jiàgé hòu zài juédìng
金主任　：我们先比较一下这两种产品的性能和价格后再决定。

새단어 生词

1. 手机充电器 (shǒu jī chōngdiàn qì)	(名) míng	휴대폰 충전기
2. 进口 (jìn kǒu)	(动) dòng	수입하다
3. 规格 (guī gé)	(名) míng	규격
4. 提供 (tí gòng)	(动) dòng	공급하다
5. 订货单 (dìng huò dān)	(名) míng	주문서
6. 厂家 (chǎng jiā)	(名) míng	생산자, 메이커
7. 资料 (zī liào)	(名) míng	자료
8. 产品 (chǎn pǐn)	(名) míng	제품
9. 生产 (shēngchǎn)	(动) dòng	생산하다
10. 质量 (zhì liàng)	(名) míng	품질
11. 只是 (zhǐ shì)	(副) fù	단지 …뿐이다
12. 外观设计 (wài guān shè jì)	(名) míng	외양, 외부 디자인
13. 一样 (yí yàng)	(形) xíng	같다
14. 性能 (xìngnéng)	(名) míng	성능
15. 价格 (jià gé)	(名) míng	가격
16. 先 (xiān)	(副) fù	우선, 먼저
17. 再 (zài)	(副) fù	또, 다시
18. 决定 (jué dìng)	(动) dòng	결정하다

문법포인트

1. 조동사 想

동사 앞에 써서 어떤 동작이 '하고 싶다'는 뜻을 나타낸다.

xiànzài wǒ xiǎngchī yí gè píngguǒ
1) 现在我想吃一个苹果。(지금 나는 사과가 먹고 싶다.)

míngtiān wǒ bù xiǎng qù xuéxiào
2) 明天我不想去学校。(내일 학교에 가고 싶지 않다.)

2. 一样 / 不一样

일반적으로 跟/和와 같이 쓰여 A와 B의 차이를 비교한다.

tā de yī fu hé wǒ de yí yàng
1) 他的衣服和我的一样。(그의 옷은 내 것과 똑같다.)

wǒ de xiǎng fǎ gēn bà ba bù yí yàng
2) 我的想法跟爸爸不一样。(내 생각은 아빠와 다르다.)

3. '그리고' 또는 '함께'를 의미하는 和, 跟, 与

* 和

접속사로 두 개 이상의 병렬성분을 연결하여 ~와 / 과의 뜻으로 사용한다. 세 가지 이상의 대상을 연결할 때 "和"는 마지막 두 대상의 사이에 위치하며, 구어 또는 문어체에서 모두 쓴다.

wǒ mǎiniúnǎi hé shuǐ
1) 我买牛奶和水。(난 우유랑 물을 산다.)

wǒ jiāyǒu wǔ kǒurén bà ba mā ma jiějie dì di hé wǒ
2) 我家有五口人, 爸爸, 妈妈, 姐姐, 弟弟和我。

(우리식구는 다섯 명인데, 아빠, 엄마, 누나, 남동생 그리고 나야.)

* 跟

1) 접속사로 ~와 / 과의 뜻으로 사용할 때 "和"과 똑같다.

wǒ gēn hé xiǎowáng yì qǐ qù shìnèi
我跟 / 和小王一起去市内。(나는 사오왕과 같이 시내에 간다.)

2) 주종관계, 위 아래 관계를 강조한다.

wǒ gēn hé xiǎowáng yì qǐ qù shìnèi
我跟 / 和小王一起去市内。(나는 사오왕을 따라 시내에 간다.)

zhèshì r háiméiyǒugēnlǐngdǎohuìbào
这事儿还没有跟领导汇报。(이 일은 아직 상사에게 보고하지 않았다.)

wǒ gēn jīn lǎoshī xué yīngwén
我跟金老师学英文。(나는 김 선생님께 (밑에서) 영어를 배웠다.)

3) 두 대상의 차이를 비교하는 역할을 하고 '一样'과 자주 호응한다. '~와 같다'의 뜻을 나타낸다.

tā de shǒu jī pái zi gēn wǒ de yí yàng bù yí yàng
a) 他的手机牌子跟我的一样 / 不一样。(그의 휴대폰 브랜드는 내것과 똑같다. / 다르다.)

xiǎozhāng de hàn yǔ gēnzhōngguórén yí yàng
b) 小张的汉语跟中国人一样。(사오장의 중국어는 중국사람과 똑같다.)

* 与

和, 跟과 같이 '그리고' 또는 '함께'의 의미를 나타낸다. 접속사로 동사, 형용사를 연결할 수 있는데 명사를 더 많이 연결한다. 문어체에 주로 쓰며, 책 또는 글의 제목에 많이 쓴다.

rénlèi yǔ dòngwùgòngcúnzài zhège dìqiú shàng wǒmen yīnggāi bǎohù dòngwù
1) 人类与动物共存在这个地球上, 我们应该保护动物。

(인류와 동물은 이 지구에서 공존하고 있기 때문에, 우리는 마땅히 동물을 보호해야 한다.)

lǎorén yǔ hǎi zhànzhēng yǔ hépíng
2) 《老人与海》,《战争与和平》

<노인과 바다>, <전쟁과 평화>

* 다음 질문에 중국어로 대답해 주세요.

1. 他们想进口什么产品？
2. 他们准备了几家厂家的产品？
3. 他们决定马上订货吗？

商务会话练习 비즈니스 회화연습

如果你买手机, 外观, 性能和价格里, 你最重视哪个？

* 잘 따라 읽으면서 익혀 보세요.

wǒ menxiǎngjìnkǒu yì pī shǒu jī chōngdiàn qì fú zhuāng huàzhuāngpǐn
我们想进口一批手机充电器。(服装 / 化妆品)

zhèliǎngjiā de chǎnpǐnyǒushén me qū bié
这两家的产品有什么区别？

상용 어휘 및 표현

jìn kǒu 进口	수입	dài lǐ shāng 代理商	대리상
chū kǒu 出口	수출	xíng hào 型号	모델
jīngxiāoshāng 经销商	판매상	wài xíng 外型	외형
chǎngshāng 厂商	생산자, 제조원	chǐ cùn 尺寸	사이즈

单元复习(1~10课)

1. 본문에 따라 질문을 대답해 주세요.

各位乘客好！由仁川飞往北京的CZ888次航班将在12点开始办理登机手续, 去北京的乘客请在H18~20排队托运行李, 换登机牌, 谢谢！

1) 这次航班号是多少？

2) 这次航班从哪儿出发？到达哪儿？

3) 几点开始办理登机手续？

4) 在哪儿托运行李？

2. 주어진 단어를 이용하여 빈 칸을 채우세요.

预订　　出示　　名片　　刷卡　　条

1) 我们工厂一共有八(　　)生产线。
2) 昨天我在网上(　　)了你们酒店的一个单人间。
3) 您好！这是我的(　　), 认识您很高兴。
4) 请(　　) 您的护照。
5) 酒店的押金可以(　　)吗？

3. 괄호 안의 내용을 참고하여 주어진 대화를 중국어로 완성하세요.

1) A : 您打算在中国呆多长时间？

B : ______________________________ (대략 일주일 정도.)

2) A : 这是明天的日程表, 您觉得怎么样？

B : ______________________________ (일정이 좀 빡빡하네요.)

3) A : 明天下午您有空儿吗？

B : ______________________________ (내일은 시간이 없고 모래 시간 있어요.)

4) A : 你的行李都到齐了吗？

B : ______________________________ (아직 다 안 나왔어요.)

4. 주어진 그림을 보고 이야기를 만드세요.

1)

a)

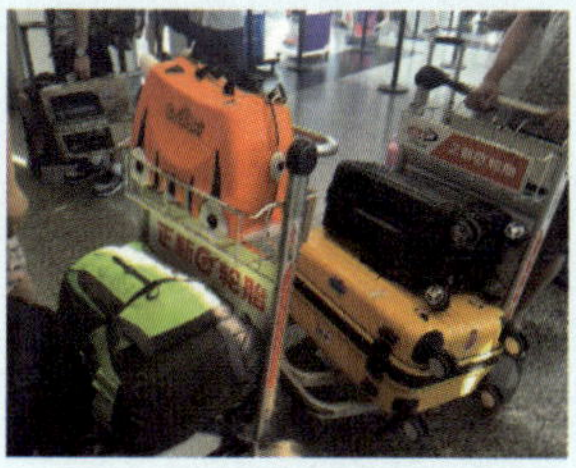

(짐이 많음)

b)

(중량을 줄이라고 함)

c)

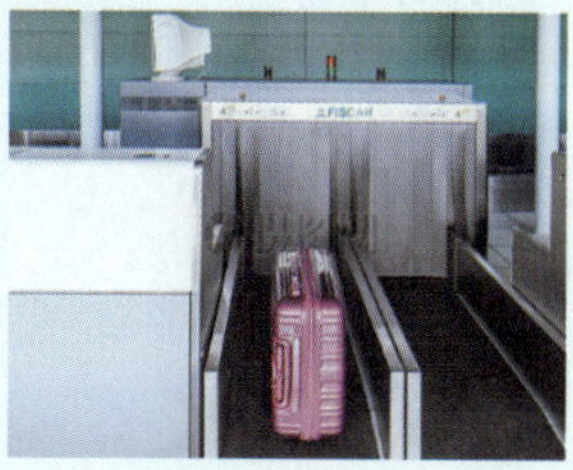

(23kg으로 맞춰 보냄)

2)

a)

(짐을 기다리고 있음)

b)

(짐이 나왔음)

c)

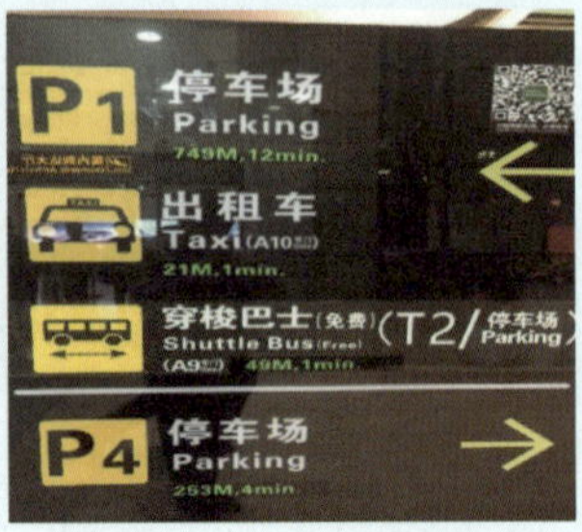

(택시를 타야 함)

dì shí yī kè
第十一课

shāng yì jià gé
商议价格

jīn zhǔ rèn　shàngcì nǐ gěi wǒ de diànfēngshànyàngpǐn wàiguān hé xìngnéng dōu bǐ jiào mǎnyì
金主任：上次你给我的电风扇样品，外观和性能都比较满意，
búguò bàojià yǒudiǎn r gāo
不过报价有点儿高。

zhāng bō　wǒmen de chǎnpǐnzhìliàng hé wàiguān dōushì biéde gōngsī bùnéng bǐ de
张　波：我们的产品质量和外观都是别的公司不能比的。

jīn zhǔ rèn　tǎnshuài de shuō wǒmen yě gěi qítā dì fang fā pán le guìgōngsī de jiàgé
金主任：坦率地说，我们也给其他地方发盘了，贵公司的价格
shì zuìgāo de
是最高的。

zhāng bō　nà nín zhǔnbèi dìngduōshao huò shùliàng duō dehuà kěyǐ shāngliang yíxià
张　波：那您准备订多少货？数量多的话可以商量一下。

jīn zhǔ rèn　wǒmen xiǎngdìngyì bǎi tái měi tái jiàngdī wǔměiyuán shíèrměiyuán zěnmeyàng
金主任：我们想订100台，每台降低5美元，12美元怎么样？

zhāng bō　měi tái jiàngdī wǔměiyuán dehuà wǒmen jiùyào kuīběn le zuìduō měi tái jiàng
张　波：每台降低5美元的话，我们就要亏本了，最多每台 降
liǎngměiyuán nín kàn zěn meyàng
两美元，您看怎么样？

jīn zhǔ rèn　fēicháng yíhàn wǒmen wú fǎ jiēshòu zhè ge jià gé
金主任：非常遗憾，我们无法接受这个价格。

새단어 生词

diànfēngshàn 1. 电风扇	míng (名)	선풍기
yàngpǐn 2. 样品	míng (名)	견본품
wàiguān 3. 外观	míng (名)	외관
xìngnéng 4. 性能	míng (名)	성능
mǎn yì 5. 满意	xíng (形)	만족스럽다
bàojià 6. 报价	dòng (动)	가격을 제시하다, 견적을 내다
gāo 7. 高	xíng (形)	높다
biéde 8. 别的	xíng (形)	다르다
tǎnshuài de 9. 坦率地	fù (副)	솔직히
guìgōngsī 10. 贵公司	míng (名)	귀사
zhǔnbèi 11. 准备	dòng (动)	준비하다
shùliàng 12. 数量	míng (名)	수량
dehuà 13. ~的话	lián (连)	만약 ~하다면
měiyuán 14. 美元	míng (名)	달러
jiàngdī 15. 降低	dòng (动)	인하하다
kuīběn 16. 亏本	dòng (动)	밑지다, 손해보다
yí hàn 17. 遗憾	xíng (形)	유감스럽다
jiē shòu 18. 接受	dòng (动)	수락하다, 받아들이다

문법포인트

역접을 의미하는 접속사 : 不过, 可是, 但是, 而, 却의 쓰임.

1) 不过 : 앞 문장의 내용과 상반되거나 보충적이고 아쉬운 의미를 표현하며, 가벼운 전환을 의미한다.

hànyǔ hěnnán búguò hěn yǒuyìsi
a) 汉语很难, 不过很有意思。(중국어가 어렵지만 재미있다.)

zhège dàngāohǎochī shìhǎochī búguò yǒudiǎnr guì
b) 这个蛋糕好吃是好吃, 不过有点儿贵。(이 케익 맛있긴 한데, 조금 비싸다.)

2) 可是 : 구어 또는 문어에서 모두 사용하며, 뒤 문장에 사용되어 전환의 의미를 강조한다. 不过보다 좀 강도가 강하고 但是보다 약하다.

wǒ yě hěnxiǎng qù chángchéng kě shì wǒ míngtiānyǒuyīng yǔ kè
我也很想去长城, 可是我明天有英语课。

(저도 만리장성에 매우 가고 싶지만 내일 영어수업이 있어요.)

3) 但是 : 虽然과 자주 호응하며, 문어체에 주로 쓴다. 강한 전환의미를 표현하고 싶을 때 쓴다.

suīránzhèjiànshìhěnnán dànshì wǒ men bì xū jìn lì zuòhǎo
虽然这件事很难, 但是我们必须尽力做好。

(비록 이번 일이 매우 어렵지만 우리는 반드시 최선을 다해야 한다.)

4) '而' : 접속사로서 두 짧은 문장을 연결시켜 상반된 두 개의 상황을 나타낸다. 뒤 문장 주어 앞에 주로 위치한다.

biéréndōuhuíjiāxiū xi le ér wǒ háizàigōng sī jiābān
别人都回家休息了, 而我还在公司加班。

(다른 사람은 모두 집에 가서 쉬는데 나는 아직 회사에서 야근하고 있다.)

5) 却 : 부사로서 뒤 문장의 주어 뒤에 위치하며 '그런데, 오히려' 같은 전환 의미를 나타낸다.

biéréndōuhuíjiāxiūxi le wǒ quèháizàigōngsī jiābān
别人都回家休息了, 我却还在公司加班。
(다른 사람은 모두 집에 가서 쉬는데 나는 아직 회사에서 야근하고 있다.)

* 다음 질문에 중국어로 대답해 주세요.

1. 他们对什么不太满意？
2. 他们打算订多少产品？
3. 价格可以商量吗？

商务会话练习 비즈니스 회화연습

协商价格时, 你一般怎么做？

如果没参加工作, 在日常生活中, 你喜欢讲价吗？

* 잘 따라 읽으면서 익혀 보세요!

wàiguān hé xìngnéngdōubǐjiào mǎnyì búguò bàojià yǒudiǎnr gāo
外观和性能都比较满意, 不过报价有点儿高。

shùliàngduō dehuà kěyǐ shāngliang yíxià
数量多的话可以商量一下。

fēicháng yíhàn wǒmen wúfǎ jiēshòu zhège jiàgé
非常遗憾, 我们无法接受这个价格。

상용 어휘 및 표현

yì jià 议价	가격 협상	tí jià 提价	가격을 올리다
què jià 确价	가격 확정	jiàng jià 降价	가격을 내리다

商务提示

rènhé qǐyè jīngyíng de zuìzhōng mùbiāo dōushì chuàngzàogèngduō de lìrùn wèile shíxiàn
任何企业经营的最终目标都是创造更多的利润，为了实现
zhège mùbiāo miǎnbuliǎo jiàng dī chéngběn huòzhě tígāo jiàgé yīncǐ shāngyì jiàgé zài jiāoyì
这个目标免不了降低成本或者提高价格。因此商议价格在交易
zhōng shì zuì zhòngyào de bùfen gōngyìngshāng bùyí bǎ jiàgé shuō de tài gāo mǎijiā yě bùyí
中是最重要的部分。供应商不宜把价格说得太高，买家也不宜
bǎ jiàgé yā de tài dī xiānghùtǐliàng cáishì dáchéng xié yì bìngcháng qī hé zuò de guānjiàn
把价格压得太低，相互体谅才是达成协议并长期合作的关键。

기업 경영의 최종 목표는 더 많은 이윤을 창출하는 일이기 때문에, 이 목표를 실현하기 위해서 원가를 절감하거나 판매가를 높이는 일은 불가피하다. 따라서 거래에서 가격 협상은 가장 중요한 부분이다. 공급자가 가격을 너무 높게 부르지 않고 수요자가 가격을 심하게 깎지 않으면서 서로 상대방을 고려하면 합의에 도달할 수 있다. 그리고 이러한 상호 이해는 장기적인 협력을 가능하게 하는 관건이다.

dì shí èr kè
第十二课

bào shí pán
报实盘

zhāng bō　　nín kànguo wǒ gōngsī de zhǎnpǐn le ma
张　波　：您看过我公司的展品了吗？

lǐ mínzhǔ　　shì de zhǎnhuì qī jiān qù nǐ menzhǎnwèi kànguo le
李民主　：是的，展会期间去你们展位看过了。

zhāng bō　　zhè cì zhǔnbèidìngxiē shénme huò
张　波　：这次准备订些什么货？

lǐ mínzhǔ　　máfan guìgōngsī gěi wǒmen bào gè jià
李民主　：麻烦贵公司给我们报个价。

zhāng bō　　hǎode zhè shì wǒ gōngsī zuìxīn de jiàgé biǎo rúguǒ dìnghuòliàng dà dehuà
张　波　：好的，这是我公司最新的价格表。如果订货量大的话，

jiàgé kěyǐ yōuhuì yìxiē
价格可以优惠一些。

lǐ mínzhǔ　　nàme shénme shíhou kě yǐ gěi wǒ men bào shí pán ne wǒ men yào shàng hǎi dào
李民主　：那么什么时候可以给我们报实盘呢？我们要上海到

àn jià
岸价。

zhāng bō　　míngtiānshàng wǔ kě yǐ bào gěi nín
张　波　：明天上午可以报给您。

새단어 生词

1. 展品 zhǎnpǐn	(名) míng	전시품
2. 展会 zhǎnhuì	(名) míng	전시회
3. 期间 qījiān	(名) míng	기간
4. 展位 zhǎnwèi	(名) míng	부스
5. 订, 订购 dìng dìnggòu	(动) dòng	주문하다
6. 报价 bàojià	(动) dòng	(가격) 제시하다
7. 麻烦 máfan	(副) fù	귀찮다
8. 价格表 jiàgé biǎo	(名) míng	가격표
9. 如果 rúguǒ	(连) lián	만약 ~한다면
10. 优惠 yōuhuì	(动) dòng	할인하다
11. 报盘 bào pán	(动, 名) dòng míng	오퍼(하다)
12. 实盘 shí pán	(名) míng	확정 오퍼
13. 到岸价 dào àn jià	(名) míng	CIF (cost, insurance and freight ：운임보험료 포함) 가격

문법포인트

1. ～＋过

경험을 나타내는 동태조사이며 동사 뒤에 붙여서 과거의 경험을 나타낸다. 부정은 동사 앞에 "没(有)"를 쓴다.

qùnián wǒ hé mā ma qù guozhōngguó de běijīng běijīngpiàoliang jíle
1) 去年我和妈妈去过中国的北京，北京漂亮极了。

(작년에 엄마와 중국 베이징에 가본 적 있어요. 북경 정말 예뻐요.)

wǒ cóngláiméichīguozhōngguócài
2) 我从来没吃过中国菜。(지금까지 중국요리를 먹어 본적이 없어요.)

2. 가능동사 能, 可以, 会의 쓰임

1) 能 ：동사 앞에 붙여서 어떤 일을 할 '능력이 있음'을 나타낸다.

jīntiānxiàwǔ sìdiǎn yǒu gè zhòngyào de huìyì nǐ nénglái ma
今天下午四点有个重要的会议，你能来吗？

(오늘 오후 4시에 중요한 회의가 있는데, 올 수 있어요?)

wǒ míngtiānshàngwǔyǒu hànyǔ kè bùnéng hé nǐmen yìqǐ chūqù wánr
我明天上午有汉语课，不能和你们一起出去玩儿。

(내일 오전 중국어 수업이 있어서 너희들과 같이 놀러갈 수 없어.)

2) 可以 : "허락" 또는 "가능"

zhè lǐ kě yǐ chōuyān ma
这里可以抽烟吗？ 허락. (여기서 담배 피워도 돼요?)

wǒ míngtiān kě yǐ xiěwán
我明天可以写完。가능. (저는 내일까지 다 쓸 수 있어요.)

3) 会 : 능력

a) 학습을 통해 습득한 능력. "~할 줄 알다."

wǒ dì di huì yóuyǒng wǒ bú huì
我弟弟会游泳, 我不会。(남동생은 수영을 할 줄 아는데 저는 할 줄 몰라요.)

zhāngjīng lǐ bú huì shuōhàn yǔ bú guòhuì shuōyīng yǔ
张经理不会说汉语, 不过会说英语。

(장 사장님은 중국어를 할 줄 모르지만 영어는 할 줄 알아요.)

b) 미래의 가능성. "~할 것이다."

wǒ men yí dìnghuì zhǎodào lǐ xiǎng de gōngzuò
我们一定会找到理想的工作。(우리가 분명히 마음에 드는 직업을 찾을 수 있을 것이다.)

zàiděng yi děng tā bú huì bù huí lái
再等一等, 她不会不回来。(조금만 더 기다려. 그녀가 안 돌아오지 않을 거야.)

* 다음 질문에 중국어로 대답해 주세요.

1. 价格在什么情况下可以优惠?
2. 什么时候可以报实盘?
3. 他们看过展品了吗?

商务会话练习 비즈니스 회화연습

试着给客户报价格, 根据订货量不同价格不同。

* 잘 따라 읽으면서 익혀 보세요!

máfan guìgōngsīgěi wǒmen bào gè jià
麻烦贵公司给我们报个价。

zhèshì wǒ gōngsīzuìxīn de jiàgé biǎo
这是我公司最新的价格表。

상용 어휘 및 표현

kāi zhǎn 开展	전시회가 열리다	lí àn jià FOB 离岸价	본선인도가격(매수인이 지정한 선박에 화물을 적재해서 본선 상에서 화물 인도를 마칠 때까지의 일체 비용과 위험을 매도인이 부담하며, 이후는 매수자가 책임지는 가격을 말하다. 이와 달리 CIF는 도착항까지 매도인이 책임진다.)
biāozhǔnzhǎn wèi 标准展位	표준(기본)부스	zuì shǎodìng huò liàng MOQ 最少订货量	최소주문량, 최소발주량 (Minimum Order Quantity)
huán pán 还盘	카운터 오퍼 (역 제안 : counter offer)		

订货单模板

汇通化妆品有限公司

dìng huò dān
订货单

chǎngjiā dì zhǐ
厂家地址　：上海徐家汇区238号

kè hù míngchēng　　　　diànhuà
客户名称　：韩亚有限公司　　电话：　0082-123-456

kè hù dì zhǐ　　　　dìnghuò rì qī
客户地址　：韩国清州　　订货日期：　2020.02.26

产品名称	单位	订货数量	单价(瓶)	货价(元)
A-222	瓶	150	10	1500
B-333	瓶	100	20	2000
C-555	盒(5瓶 / 盒)	50	10	2500
运费：2000元				
合计总金额：(8000元)				
银行账号	中国银行 123-456	户名	王勇	

chǎngshāngdài biǎoqiān zì　　　　kè hù dài biǎoqiān zì
厂商代表签字：　　　　客户代表签字：

dì shísān kè
第十三课

qiāndìng hé tong
签订合同

lǐ mínzhǔ　shénme shíhou néng chūhuò
李民主：什么时候能出货？

zhāng bō　zhègeyuè zhōngxún kěyǐ chūhuò nín shì yào kōngyùn háishì hǎiyùn
张　波：这个月中旬可以出货。您是要空运还是海运？

lǐ mínzhǔ　huò liàng dà yòng hǎiyùn ba búguò zài jiēhuò shí rúguǒ fāxiàn cìpǐn yào tuìhuí de
李民主：货量大，用海运吧！不过在接货时，如果发现次品要退回的。

zhāng bō　nà dāngrán nà wǒmen jiù qiān hétong ba nín kàn wǒmen hétong qīxiàn dìng jǐnián
张　波：那当然。那我们就签合同吧，您看我们合同期限定几年？

lǐ mínzhǔ　zhè shì wǒmen dìyīcì hézuò hétongqī dìngwéi liǎngnián ba
李民主：这是我们第一次合作，合同期定为两年吧。

zhāng bō　hǎode
张　波：好的。

lǐ mínzhǔ　wǒmen bǎ hétongshū de gèxiàng tiáokuǎn dōu yī yī jiǎnchá yí biàn kànkan yǒuméiyǒu shén me yì jiàn bù yí zhì de dì fang zěn me yàng
李民主：我们把合同书的各项条款都一一检查一遍，看看有没有什么意见不一致的地方，怎么样？

zhāng bō　hǎo de
张　波：好的。

lǐ mínzhǔ　wǒ kàn zhège dìfang yīnggāi zài jiā yí jù rúguǒ yǒu yìfāng wéiyuē lìng yìfāng yǒu quán qǔxiāo hétong
李民主：我看这个地方应该再加一句“如果有一方违约，另一方有权取消合同”。

zhāng bō　hǎo háiyǒu biéde ma
张　波：好，还有别的吗？

lǐ mínzhǔ　méiyǒu le
李民主：没有了。

zhāng bō　nà wǒmen jiù zài zhè r qiānzì ba
张　波：那我们就在这儿签字吧。

lǐ mínzhǔ　hǎo zhù wǒmen zhè cì jiāoyì yuánmǎnchénggōng
李民主：好，祝我们这次交易圆满成功。

zhāng bō　yě xīwàng jīnhòu wǒmen hézuò yúkuài
张　波：也希望今后我们合作愉快。

새단어 生词

1. 到货 (dào huò)	(动) (dòng)	입하하다
2. 月中, 中旬 (yuèzhōng zhōngxún)	(名) (míng)	중순
3. 货量 (huò liàng)	(名) (míng)	물량
4. 接货 (jiē huò)	(动) (dòng)	인수하다
5. 次品 (cìpǐn)	(名) (míng)	불량품
6. 退回 (tuìhuí)	(动) (dòng)	반송하다
7. 付款 (fùkuǎn)	(动) (dòng)	지불(하다)
8. 合同 (hétong)	(名) (míng)	계약
9. 订 (dìng)	(动) (dòng)	작성하다
10. 交易 (jiāoyì)	(名) (míng)	거래
11. 条款 (tiáokuǎn)	(名) (míng)	조항
12. 检查 (jiǎnchá)	(动) (dòng)	검사하다
13. 意见 (yìjiàn)	(名) (míng)	의견
14. 不一致 (bù yízhì)	(动) (dòng)	일치하지 않다, 불일치하다
15. 加, 添加 (jiā tiānjiā)	(动) (dòng)	덧붙이다
16. 违约 (wéiyuē)	(动) (dòng)	계약을 위반하다
17. 权, 权限 (quán quánxiàn)	(名) (míng)	권한

18. 取消 (qǔxiāo)	(动) (dòng)	취소하다
19. 签字 (qiānzì)	(动) (dòng)	서명하다
20. 圆满 (yuánmǎn)	(形) (xíng)	원만하다
21. 交易 (jiāoyì)	(名) (míng)	교역
22. 成功 (chénggōng)	(动) (dòng)	성공하다
23. 合作 (hé zuò)	(动) (dòng)	협력하다

문법포인트

1. 선택 의문문 : 是 A还是B ?

nǐ xiànzài shì qù tú shūguǎn hái shì huí sù shè
1) 你现在是去图书馆还是回宿舍 ? (지금 도서관으로 가요? 아니면 기숙사로 돌아가요?)

xiǎo jīn shì hánguó rén hái shì rì běn rén
2) 小金是韩国人还是日本人 ? (샤오진이 한국사람이에요? 아니면 일본사람이에요?)

2. 동사의 중첩 : 看看

단음절 동사는 A一A 또는 AA, 쌍음절 동사ABAB, 이합동사(동사 + 목적어) AAB식으로 짧은 시간 또는 해보는 동작을 나타낸다. (단, 심리적 상태 또는 발전이나 변화의 의미를 나타내는 동사는 중첩이 불가능하다. *喜欢 / 开始)

shuō yi shuō shuōshuo　xiū xi xiū xi　liáoliaotiān
说一说(说说) / 休息休息 / 聊聊天

말해봐요.　좀 쉬세요.　잠깐 예기해요.

* 다음 질문에 중국어로 대답해 주세요.

1. 这次货是空运还是海运？
2. 如果有次品怎么处理？
3. 合同期限是几年？

商务会话练习 비즈니스 회화연습

你们公司的运输方式一般是空运还是海运？

如果没有这方面经验的话, 请回答你是否到邮局寄过包裹？

* 잘 따라 읽으면서 익혀 보세요!

shénme shíhou néng chūhuò
什么时候能出货？

nínshìyàokōngyùnháishihǎiyùn
您是要空运还是海运？

zhèshì wǒmen dìyīcì hézuò hétongqī dìngwéiliǎngnián ba
这是我们第一次合作, 合同期定为两年吧。

xīwàng jīnhòu wǒmen hézuòyúkuài
希望今后我们合作愉快。

상용 어휘 및 표현

hé tong shū 合同书	계약서	qiān hé tong 签合同	계약서에 서명하다
jiǎ fāng 甲方	갑	zhōng zhǐ hé tong 终止合同	계약중지
yǐ fāng 乙方	을	qǔ xiāo hé tong 取消合同	계약취소
yǒu xiào qī 有效期	유효기간		

商务提示

zài guójì màoyì zhōng hétong shì jiāoyì shuāngfāng jiù chǎnpǐn jiàgé jiésuàn jiāohuò yùnshū děng nèiróng xiānghù xiéshāng hòu dáchéng yízhì de yìjiàn yòng wénzì hétong de fāngshì shuāngfāng quèrèn qiānzì shēngxiào yǔ zhōngguó kèhù jiāoyì shí yìbān zuòchéng yīngwén zhōngwén yàngshì shuāngfāng gè chí yí fèn

在国际贸易中，合同是交易双方就产品, 价格, 结算, 交货, 运输等内容相互协商后达成一致的意见, 用文字合同的方式, 双方确认签字生效。与中国客户交易时一般做成英文, 中文样式, 双方各持一份。

국제무역에서 계약은 쌍방이 제품, 가격, 결제, 상품 인도, 운수 등에 대해서 합의한 내용을 문서 형식으로 약속하는 방식이다. 이러한 의식을 통해 쌍방은 서명 내용의 발효 시점과 내용을 확인한다. 중국 고객과 교역할 때 일반적으로 영문, 중문 양식을 이용하여 계약을 체결하며, 쌍방이 각각 한 부씩 나눠 갖는다.

dì shí sì kè
第十四课

bāo zhuāng shè jì
包装设计

zhāng bō　　guì gōngsī zài chǎnpǐn wài bāozhuāng shè jì fāngmiàn yǒu shénme tèshū yāoqiú ma
张　波：贵公司在产品外包装设计方面有什么特殊要求吗？

lǐ mínzhǔ　　wǒmen méiyǒu shénme tèshū yāoqiú búguò wài bāozhuāng yě yào néng xīyǐn xiāofèizhě cái xíng shì ba
李民主：我们没有什么特殊要求，不过外包装也要能吸引消费者才行，是吧？

zhāng bō　　shì de
张　波：是的。

lǐ mínzhǔ　　wǒmen xīwàng guì gōngsī néng shèjì chū yí gè jì piàoliang yòu jiǎnbiàn de wài bāozhuāng fāng'àn
李民主：我们希望贵公司能设计出一个既漂亮又简便的外包装方案。

zhāng bō　　zhè shì wǒmen gòngtóng de yuànwàng qǐng kàn zhè shì wǒ men shè jì de wài bāo zhuāng yàng běn
张　波：这是我们共同的愿望。请看这是我们设计的外包装样本。

lǐ mínzhǔ　　hǎo de wǒ jué de zhè ge shè jì bǐ jiào xīnyǐng jiù àn zhè ge shēngchǎn ba
李民主：好的。我觉得这个设计比较新颖，就按这个生产吧！

zhāng bō　　tài hǎo le
张　波：太好了！

새단어 生词

wài bāo zhuāng 1. 外包装	míng (名)	외부포장
tèshū tèbié 2. 特殊, 特别	xíng (形)	특별하다
yāoqiú 3. 要求	míng (名)	요구
xīyǐn 4. 吸引	dòng (动)	끌다
xiāofèizhě 5. 消费者	míng (名)	소비자
měiguān 6. 美观	xíng (形)	아름답다
fāngbiàn 7. 方便	xíng (形)	편리하다
fāng'àn 8. 方案	míng (名)	방안
shèjì 9. 设计	dòng míng (动, 名)	설계하다, (디자인)하다
cái 10. 才	fù (副)	비로소
jì yòu 11. 既…又	lián (连)	A할 뿐 아니라 B 하다
búguò 12. 不过	lián (连)	그러나
gòngtóng yíyàng 13. 共同, 一样	xíng (形)	똑같다
juéde 14. 觉得	dòng (动)	생각하다, 느끼다
xīnyǐng 15. 新颖	xíng (形)	새롭다, 참신하다
àn àn zhào 16. 按 / 按照	jiè (介)	~에 따라, ~대로

문법포인트

1. 觉得 : ~라고 생각하다. ~라고 느끼다

1) "~라고 생각하다." 자신의 의견을 표현할 때 많이 쓴다.

주의 : "想"은 어떤 행동을 하려고 하다는 의미로 많이 쓰고 자기의 의견을 진술할 때 쓰지 않음.

wǒ juéde zhège diànyǐng fēicháng hǎokàn
我觉得这个电影非常好看。(O) (이 영화가 아주 재미있다고 생각한다.)

wǒ xiǎng zhège diànyǐng fēicháng hǎokàn
我想这个电影非常好看。(X)

2) "~라고 느끼다." 직접 몸으로 지각할 수 있는 것, 느낌을 표현할 때 씀.

dǎkāi kōngtiáo ba tūrán juéde fángjiān lǐ hěn rè
打开空调吧！突然觉得房间里很热。(에어컨을 켭시다. 방이 갑자기 아주 덥게 느껴져요.)

2. 按, 按照 : ~에 따라, ~대로라는 의미

按照는 뒤에 대부분 쌍음절 단어를 많이 쓰는데 의미는 비슷함.

àn lǎoshī shuō de qù zuò
按老师说的去做。(선생님 말씀대로 하다.)

àn gōng sī guīdìnggōngzuò
按公司规定工作。(회사 규정에 따라 일한다.)

* 다음 질문에 중국어로 대답해 주세요.

1. 他们对包装设计有什么特殊要求吗？
2. 什么时候可以看到外包装样本？

商务会话练习 비즈니스 회화연습

你或者你们老板注重产品的外形设计吗？

* 잘 따라 읽으면서 익혀 보세요!

guìgōngsī zài chǎnpǐn wàibāozhuāng shèjì fāngmiàn yǒu shénme tèshū yāoqiú ma
贵公司在产品外包装设计方面有什么特殊要求吗？

zhèshì wǒmen shèjì de wàibāozhuāng yàngběn
这是我们设计的外包装样本。

상용 어휘 및 표현

wài bāo zhuāng 外包装	외포장	bāo zhuāng dài 包装袋	포장백
nèi bāo zhuāng 内包装	내포장	xiào guǒ tú 效果图	(디자인) 시안
bāo zhuāng hé 包装盒	포장박스	jìngzhòng 净重	실중량

商务提示

suízhe guójì màoyì de fāzhǎn, gè gè qǐyè bùjǐn zài chǎnpǐn de zhìliàng, jiàgé fāngmiàn jìngzhēng jīliè, érqiě duì chǎnpǐn wàixíng shèjì, shíyòng fāngbiànxìng děng yāoqiú yě yuè lái yuè gāo
随着国际贸易的发展，各个企业不仅在产品的质量，价格方面竞争激烈，而且对产品外型设计，实用方便性等要求也越来越高。

국제무역이 발전함에 따라 기업들 간에는 제품의 질 뿐 아니라 가격경쟁도 갈수록 격해지고 있다. 뿐만 아니라 외부 포장 설계, 실용성 등에 대한 요구도 갈수록 높아지고 있다.

dì shí wǔ kè
第十五课

zhī fù fāng shì
支付方式

zhāng bō　zhè cì wǒmen dǎsuàn yòng huò fāngshì zhīfù zěnmeyàng
张 波 ：这次我们打算 用D/P或D/A方式支付怎么样？

lǐ mínzhǔ　wǒmen xīwàng guìgōngsī cǎiyòngxìnyòngzhèng zhīfù fāngshì
李民主 ：我们希望贵公司采用信用证(L/C)支付方式。

zhāng bō　guìgōngsī shìbushì dānxīn wǒmen huì wéiyuē jùjué zhīfù huòkuǎn
张 波 ：贵公司是不是担心我们会违约，拒绝支付货款？

lǐ mínzhǔ　dāngrán wǒmen búshì yìdiǎnr dānxīn yě méiyǒu
李民主 ：当然我们不是一点儿担心也没有。

zhāng bō　nín fàngxīn hǎo le mùqián de jiàgé qūshì shì zhǐ néngshàngshēng bù kě néng xià diē
张 波 ：您放心好了，目前的价格趋势是只能上升，不可能下跌。

lǐ mínzhǔ　dàn wǒ men hái shi bù xiǎng dǎ pò guàn lì qǐngliàng jiě
李民主 ：但我们还是不想打破惯例，请谅解。

새단어 生词

cǎi yòng fāng shì 1. 采用…方式	cí zǔ (词组)	~ 방식을 채택하다
dǎ suàn 2. 打算	dòng (动)	~할 예정이다
xìn yòngzhèng 3. 信用证	míng (名)	신용장
dān xīn 4. 担心	dòng (动)	걱정하다
jù jué 5. 拒绝	dòng (动)	거부(거절)하다
dāng rán 6. 当然	fù (副)	물론
mù qián 7. 目前	míng (名)	현재, 지금
qū shì 8. 趋势	míng (名)	추세
dǎ pò 9. 打破	dòng (动)	타파하다
guàn lì 10. 惯例	míng (名)	관례
liàng jiě 11. 谅解	dòng (动)	이해(하다)

* 용어설명 : D/P와 D/A

수출입에서, 수출상은 선적 후 거래은행(추심의뢰은행)을 통해서 수입상의 거래은행인 추심 은행에 해상화물 선하증권(B/L, Bill of Loading : 해운회사에서 수출상으로부터 화물을 선적하였음을 증명하는 증거서류로서, 주식과 마찬가지로 유가증권이며 자유롭게 유통이 가능함.), 인보이스(Invoice), 포장명세서와 함께 환어음을 보낸다. 이 때 지불방식에는 D/P와 D/A가 있는데, D/P는 일람불 환어음(at sight bill of exchange)을, D/A는 기한부 환어음(usance bill of exchange)이다. D/P는 수입자가 대금을 추심은행에 지급하면 B/L 등 선적서류를 인도하고, 대금은 추심의뢰은행을 통해 수출자에게 지급한다. D/A의 경우는 수입자가 추심은행에 가서 만기에 대금을 갚겠다는 서명(인수)을 하고 선적서류를 인수한 뒤 물품을 인수하고 판매한 후 만기일에 대금을 지급하는 방식이다. D/P는 대금을 지급하고 선적서류를 인도받기 때문에 지급도라고 부르고, D/A는 인수 서명을 하고 선적서류를 인도받기 때문에 인수도라고도 부른다.

문법포인트

1. 只能 : '~할 수밖에 없다'

부사이며 주어 뒤 술어 앞에 위치이며, '어쩔 수 없이' 하는 행동을 의미한다.

jīntiānxià dà yǔ bǐ sàizhǐnéngmíngtiānjìnxíng
今天下大雨, 比赛只能明天进行。(오늘 비가 많이 오니까 시합은 내일 진행할 수 밖에 없다.)

* 다음 질문에 중국어로 대답해 주세요.

1. 张波打算用什么支付方式?
2. 目前的价格趋势怎么样?
3. 李民主要求一定用什么支付方式?

商务会话练习 비즈니스 회화연습

你们公司一般采用什么支付方式?

你平时消费时一般用什么支付方式? (现金, 刷卡, 手机支付)

* 잘 따라 읽으면서 익혀 보세요!

guìgōng sī dǎ suàncǎiyòngshén me zhī fù fāngshì
贵公司打算采用什么支付方式?

wǒmen xīwàngcǎiyòngxìnyòngzhèng zhīfù fāng shì
我们希望采用信用证(L/C)支付方式。

상용 어휘 및 표현

xìnyòngzhèng 信用证	LC(신용장)	jiésuàn 结算	정산하다
guójì diànhuì 国际电汇	TT(전신환 송금)	jiézhàng 结账	계산(청산)하다

商务提示

zài guójìmàoyì zhōng yóuyú jiāoyì shuāngfāng de guójiā bùtóng huòbì bùtóng yīncǐ guójì jiésuànfāngshì shì fēichángzhòngyào de
在国际贸易中由于交易双方的国家不同，货币不同，因此国际结算方式是非常重要的。

yìbān cǎiyòng xìnyòngzhèng fāngshì bǐjiào ānquán xìnyòngzhèng yīngwén shì fēn kě chèxiāo yǔ bùkě chèxiāo xìnyòngzhèng shì yínháng kāi lì de yǒu tiáojiànbǎozhèng fùkuǎn de zhèngmíng lìngwài hái jīngchángyòng de yǒu diànhuì fāngshì jiùshì mǎifāng jiāng huòkuǎn diànhuì zhuǎnzhàng dào màifāng yínháng zhànghù fēnqián hòu
一般采用信用证方式比较安全。信用证英文是L/C。分可撤销与不可撤销信用证，是银行开立的有条件保证付款的证明。另外还经常用的有TT电汇方式，就是买方将货款电汇转账到卖方银行账户，分前TT 后TT。

국제무역에서 교역 쌍방의 국가가 다르기 때문에 화폐도 다르다. 따라서 국제결제 방식이 매우 중요한데, 일반적으로 신용장 방식이 비교적 안전하다. 신용장은 영문으로 L / C(Letter of Credits)라고 한다. 신용장은 크게 취소가능 신용장과 취소불가능 신용장이 있는데, 은행이 조건부로 지불을 보증하는 문서이다. 이 밖에 자주 사용하는 TT전신 송금이 있는데, 이는 구매자 측이 상품 값을 자기의 주거래은행 계좌에서 전신을 통해 판매자 측 은행 계좌로 송금하는 방식인데, 앞의 행위를 전TT, 뒤의 행위를 후TT로 부른다.

퀴즈
猜谜 2

bái sè huā wú rén zāi
白色花, 无人栽

liù gè huā bàn kōng zhōng kāi
六个花瓣空中开

běi fēng chuī tā xià dì lái
北风吹它下地来

fáng shàng dì shàng yí piàn bái
房上地上一片白

단어정리

huā bàn 花瓣	꽃 잎	chuī 吹	(바람) 불다
kāi 开	피다, 열리다		

dì shíliù kè
第十六课

zhuāngchuán
装船

lǐ mínzhǔ　　zhè pī huò dàyuē shénme shíhou kěyǐ zhuāngchuán
李民主　：这批货大约什么时候可以装船？

zhāng bō　　rúguǒ shēngchǎn shùnlì dehuà wǔ yuèfèn kěyǐ zhuāngchuán
张　波　：如果生产顺利的话，五月份可以装船。

lǐ mínzhǔ　　wǔyuèfèn zhuāngchuán hǎoxiàng tài wǎn le
李民主　：五月份装船好像太晚了。

zhāng bō　　zuòwéi chūkǒushāng wǒmen dāngrán yě xīwàng jǐnkuài zhuāngchuán kěshì xiànzài yǒudiǎnr kùnnan
张　波　：作为出口商我们当然也希望尽快装船，可是现在有点儿困难。

lǐ mínzhǔ　　nín yě zhīdào cuòguò le xiāoshòu wàngjì wǒmen jiānghuì méngshòu jùdà sǔnshī
李民主　：您也知道，错过了销售旺季，我们将会蒙受巨大损失。

zhāng bō　　wǒ shífēn lǐjiě guìgōngsī chǔjìng wǒmen huì jìn zuìdà nǔlì de
张　波　：我十分理解贵公司处境，我们会尽最大努力的。

lǐ mínzhǔ　　xiè xie nà jiù má fan nín le zhuāngchuán hòu qǐng bǎ hǎiyùn tídān shāngyè fāpiào zhuāngxiāngdān chuánzhēn guòlái wǒmen hǎo bànlǐ tōngguān shǒuxù
李民主　：谢谢，那就麻烦您了。装船后请把海运提单，商业发票，装箱单传真过来，我们好办理通关手续。

새단어 生词

1. 装船 (zhuāngchuán)	(动) dòng	선적하다
2. 顺利 (shùnlì)	(形) xíng	순조롭다
3. 晚 (wǎn)	(形) xíng	늦다
4. 好像 (hǎoxiàng)	(副) fù	~인 것 같다
5. 出口商 (chūkǒushāng)	(名) míng	수출상
6. 旺季 (wàng jì)	(名) míng	성수기
7. 淡季 (dàn jì)	(名) míng	비수기
8. 错过 (cuò guò)	(动) dòng	놓치다
9. 损失 (sǔn shī)	(名) míng	손실
10. 巨大 (jù dà)	(形) xíng	막대하다
11. 处境 (chǔ jìng)	(名) míng	처지
12. 理解 (lǐ jiě)	(动) dòng	이해하다
13. 尽最大努力, 尽全力 (jìn zuì dà nǔ lì, jìn quán lì)	(词组) cí zǔ	최선을 다하다
14. 海运提单 (hǎi yùn tí dān)	(名) míng	선하 증권(B/L)
15. 商业发票 (shāng yè fā piào)	(名) míng	인보이스(invoice)
16. 装箱单 (zhuāngxiāng dān)	(名) míng	포장명세서(Packing List)
17. 传真 (chuánzhēn)	(名, 动) míng dòng	팩스(를 보내다)

18. 通关 (tōngguān)	(动) (dòng)	통관하다
19. 手续 (shǒu xù)	(名) (míng)	수속

문법포인트

1. 好

"쉽게 ~할 수 있도록"의 뜻.

bǎ diànhuà liú yíxià yǒu shìr hǎozhǎo nǐ
1) 把电话留一下, 有事儿好找你。(일이 생기면 연락하기 쉽도록, 전화번호를 남겨주세요.)

dàizhe yǔsǎn ba xiàyǔ hǎoyòng
2) 带着雨伞吧, 下雨好用。(비가 오면 쓰기 쉽게 우산을 가져가거라.)

2. 如果…(的话 / 那么)

가정 관계의 접속사로 "만약 …라면"이라는 뜻을 나타낸다. 보통 的话 또는 那么와 같이 쓴다.

rúguǒ míngtiān néng kàndào chǎnpǐn yàngběn dehuà wǒmen huì jǐnkuài dìnghuò
1) 如果明天能看到产品样本(的话), 我们会尽快订货。

(만약 내일 제품의 샘플을 볼 수 있다면, 저희가 최대한 빨리 주문할 수 있습니다.)

rúguǒ wǒ yǒu hěn duō qián nàme wǒ xiǎng qù quánqiú lǚxíng
2) 如果我有很多钱, (那么)我想去全球旅行。

(만약에 내가 돈이 많다면, 그럼 세계 여행을 가고 싶다.)

* 다음 질문에 중국어로 대답해 주세요.

1. 这批货大约什么时候装船?
2. 李民主担心什么?

商务会话练习 비즈니스 회화연습

如果你订的货或者商品送货晚了, 你会怎么办?

* 잘 따라 읽으면서 익혀 보세요!

zhè pī huò dàyuē shénmeshíhou kěyǐ zhuāngchuán
这批货大约什么时候可以装船?

xiànzài yǒudiǎnr kùnnan wǒmen huì jìn zuìdà nǔ lì de
现在有点儿困难, 我们会尽最大努力的。

상용 어휘 및 표현

zhuāng huò 装货	화물을 적재하다	dào gǎng 到港	항구에 도착하다
zhuāng yùn 装运	실어 나르다	cāng wèi 舱位	화물 스페이스
zhuāngchuán 装船	선적하다	jí zhuāngxiāng 集装箱	컨테이너(20피트, 40피트)
gǎng kǒu 港口	항구		

商务提示

hánguó dào zhōngguó jīngcháng yòng de hǎiyùn gǎngkǒu yǒu hěnduō bǐ rú shànghǎi tiānjīn dàlián děng yóuyú guójìmàoyì yùnshū xūyào guójì tōngguān shāngjiǎnděng liúchéng yǒu de gǎngkǒu tōngguān shíjiān bǐjiào cháng yǒu de gǎngkǒu xiàolǜ gāo yìxiē kěyǐ gēnjù zhōngguó kèhù de xūyào shāngyì hòu quèdìng gǎngkǒu fāhuò

韩国到中国经常用的海运港口有很多，比如上海，天津，大连等。由于国际贸易运输需要国际通关，商检等流程，有的港口通关时间比较长，有的港口效率高一些。可以根据中国客户的需要商议后确定港口发货。

한국에서 중국으로 가는 해운 항구는 상하이, 텐진, 다롄 등 매우 다양하다. 그렇지만 국제 무역 운수에서는 국제통관, 검사 같은 절차를 거쳐야 하는데, 어떤 항구의 통관 시간은 비교적 길고 어떤 항구의 통관효율은 상대적으로 높아서 항구 별로 격차가 있다. 따라서 항구를 정할 때는 중국 측 고객과 협의를 한 뒤 제품을 보낼 항구를 확정하는 것이 좋다.

dì shí qī kè
第十七课

bǎo xiǎn
保险

zhāng bō　　nín de huòwù yào tóubǎo shénme xiǎnzhǒng ne
张　波　：您的货物要投保什么险种呢？

lǐ mínzhǔ　　wǒ xiǎngxiānliǎojiě yíxià guìfāngshǐyòng de bǎoxiǎntiáokuǎn
李民主　：我想先了解一下贵方使用的保险条款。

zhāng bō　　wǒmen tōngchángcǎiyòng zhōngguórénmínbǎoxiǎngōngsī de hǎiyáng yùnshū huòwù bǎoxiǎntiáokuǎn
张　波　：我们通常采用中国人民保险公司的海洋运输货物保险条款。

lǐ mínzhǔ　　nǐmen duì àn dào'àn jià gé chéngjiāo de shāngpǐntōngcháng bǎo shénme xiǎnzhǒng
李民主　：你们对按到岸价格成交的商品通常保什么险种？

zhāng bō　　zhè yào gēnjù kèhù de yāoqiú huòzhě shāngpǐn de xìngzhì lái juédìng
张　波　：这要根据客户的要求或者商品的性质来决定。

lǐ mínzhǔ　　míngbai le qǐng gàosù wǒ nǐmen de bǎoxiǎnfèilǜ hǎo ma
李民主　：明白了。请告诉我你们的保险费率好吗？

zhāng bō　　qiānfēnzhī sān zuǒyòu
张　波　：千分之三左右。

lǐ mínzhǔ　　hǎo de xiè xie
李民主　：好的，谢谢！

새단어 生词

1. 保险 (bǎoxiǎn)	(名) (míng)	보험
2. 投保 (tóu bǎo)	(动) (dòng)	보험에 가입하다
3. 险种 (xiǎnzhǒng)	(名) (míng)	보상 범위
4. 条款 (tiáokuǎn)	(名) (míng)	조항, 약관
5. 海洋 (hǎiyáng)	(名) (míng)	해양
6. 运输 (yùnshū)	(动) (dòng)	운송하다
7. 根据 (gēnjù)	(动, 介) (dòng jiè)	~에 의하다
8. 性质 (xìngzhì)	(名) (míng)	성질, 성격
9. 或者 (huòzhě)	(副) (fù)	또는
10. 保险费率 (bǎoxiǎnfèilǜ)	(名) (míng)	보험료율

문법포인트

1. 전치사 对

"~에 대해"의 뜻으로 동작의 대상을 나타냄. 문어체에서는 주로 '就'를 씀.

dà jiā duì zhè ge wèn tí yǒushén me yì jiàn
大家对这个问题有什么意见？(여러분은 이 문제에 대해 어떤 의견이 있으십니까?)

2. 左右

수량 뒤에 붙어서 어림수를 나타내는데, 주로 대략적인 나이나 시간을 말할 때 씀.

wǒmen jiǔdiǎnzuǒyòu kěyǐ
1) 我们九点左右可以。(9시쯤 수업이 끝날 수 있습니다.)

zhège xuéshēngkànshangqùshí suìzuǒyòu
2) 这个学生看上去十岁左右。(이 학생은 10살쯤으로 보입니다.)

wǒmen de huìyì xūyào liǎnggèxiǎoshízuǒyòu
3) 我们的会议需要两个小时左右。(저희 회의는 두 시간정도 필요해요.)

* 다음 질문에 중국어로 대답해 주세요.

1) 他们通常采用什么险种？

2) 一般保险费率是多少？

商务会话练习 비즈니스 회화연습

你们公司一般加什么保险？

你个人有加什么保险吗？

* 잘 따라 읽으면서 익혀 보세요!

nín de huòwù yàotóubǎoshénmexiǎnzhǒng ne
您的货物要投保什么险种呢？

qǐng gàosu wǒ nǐmen de bǎo xiǎn fèi lǜhǎo ma
请告诉我你们的保险费率好吗？

상용 어휘 및 표현

jiā bǎo xiǎn　tóu bǎo 加保险 / 投保	보험가입	bǎo dān 保单	보험증권
zōng hé　bǎo xiǎn 综合保险	종합보험	péi cháng 赔偿	배상하다
yì　bān bǎo xiǎn 一般保险	일반보험		

商务提示

yóuyú　zài yùn shū guòchéngzhōng　yǒu kěnéng fāshēng yìwài　tèbiéshì　guójìyùnshū
由于在运输过程中，有可能发生意外，特别是国际运输，
suǒyǐ　zài　guójìmàoyì　guòchéngzhōng　jiā bǎoxiǎn shì　bìxū　de　bǎoxiǎn de zhǒnglèi hěnduō　yì
所以在国际贸易过程中，加保险是必须的。保险的种类很多，一
bān fù jiāxiǎn　tè shū fù jiāxiǎn yóu mǎi fāng fù dān　yě kě yǐ shuāngfāngshāng yì hòu jué dìng
般附加险，特殊附加险由买方负担，也可以双方商议后决定。

운수 과정에서 의외의 상황이 발생할 수 있기 때문에, 특히 국제 해운에서는 이에 대비한 보험가입이 필수이다. 보험은 다양한 종류가 있는데 일반 부가보험이나 특수 부가보험은 구매자가 부담할 수도 있고, 쌍방이 협의해서 결정할 수도 있다.

dì shí bā kè
第十八课

zhōng guó tóu zī
中国投资

zhàochéngjiàn wǒ xiǎngbàn yì jiā màoyì gōngsī
赵城健 : 我想办一家贸易公司。

zhāng bō shì hézī gōngsī háishì gǔfèngōngsī
张 波 : 是合资公司？还是股份公司？

zhàochéngjiàn wǒ xiǎngzhǎo yí gè yǒu jīngyàn de guówài gōngsī zuò hézuò huǒbàn
赵城健 : 我想找一个有经验的国外公司做合作伙伴。

zhāng bō nín zhǔnbèi tóuzī duōshao
张 波 : 您准备投资多少？

zhàochéngjiàn dǎsuàn tóuzī shíwǔ yì
赵城健 : 打算投资15亿。

zhāng bō rúguǒ nín yǒuyì tóngzhōngguó gōngsī hézuò dehuà wǒ kěyǐ xiàngnín tígòng yǒuguān zīliào
张 波 : 如果您有意同中国公司合作的话，我可以向您提供有关资料。

zhàochéngjiàn nà yě bú cuò xiè xie
赵城健 : 那也不错，谢谢!

새단어 生词

1. 办 (bàn)	(动) (dòng)	처리하다, 차리다
2. 合资公司 (hé zī gōng sī)	(名) (míng)	합자회사
3. 股份公司 (gǔ fèn gōng sī)	(名) (míng)	주식회사
4. 经验 (jīng yàn)	(名) (míng)	경험
5. 投资 (tóu zī)	(动) (dòng)	투자하다
6. 合作 (hézuò)	(动) (dòng)	협력(하다)
7. 伙伴 (huǒbàn)	(名) (míng)	파트너
8. 意向 (yìxiàng)	(名) (míng)	의향
9. 提供 (tígòng)	(动) (dòng)	제공하다
10. 有关 (yǒuguān)	(动) (dòng)	관련이 있다
11. 资料 (zīliào)	(名) (míng)	자료
12. 不错 (búcuò)	(形) (xíng)	괜찮다, 좋다

문법포인트

1. 방향을 나타내는 개사 向 : ~로, ~을 향해

“向” 뒤에 대상이나 방위사, 장소를 붙어서 동작의 대상이나 진행 방향을 나타낸다.

xiǎozhāngxiàng wǒ dǎ zhāo hu
1) 小张向我打招呼。(샤오 장이 나를 향해 인사해요.)

yǐ jīng bā diǎn le tā xiàngjiàoshì pǎoqù
2) 已经八点了, 他向教室跑去。(벌써 8시가 돼서 그는 교실로 뛰어간다.)

wǒmen xiàngzhe zǔguó de fāngxiàngwàng qù
3) 我们向着祖国的方向望去。(우리는 조국 방향을 내다본다.)

2. 不错 : 괜찮다, 좋다. 주로 사물에 대해 평가할 때 많이 씀.

zhè cì de yàngpǐn wǒ menkàn le hěn bú cuò
1) 这次的样品我们看了, 很不错。(이번 샘플을 저희가 봤는데, 매우 좋습니다.)

nà jiāfàndiàn de càiwèidàofēicháng bú cuò
2) 那家饭店的菜味道非常不错。(그 식당 음식은 맛이 아주 좋습니다.)

* 다음 질문에 중국어로 대답해 주세요.

1) 他想投资什么?

2) 打算投资的金额是多少?

商务会话练习 비즈니스 회화연습

如果你有财力, 你想投资哪个方面?

＊ 잘 따라 읽으면서 익혀 보세요!

nǐ zhǔnbèi tóu zī duōshao
你准备投资多少？
rúguǒ nín yǒuyì tóngzhōngguógōngsī hézuò dehuà wǒ kěyǐ xiàngníntígòngyǒuguānzīliào
如果您有意同中国公司合作的话, 我可以向您提供有关资料。

상용 어휘 및 표현

MOU hé zuò yì xiàng shū 合作意向书	양해각서, 협력의향서(memorandum of understanding)	hé zī 合资	합자, 공동 출자
zī běn 资本	자본	gè rén tóu zī 个人投资	개인투자
rù gǔ 入股	주식 투자	tóu zī tiáojiàn 投资条件	투자조건
hé huǒ 合伙	동업(하다)	yōu huì zhèng cè 优惠政策	우대정책

商务提示

zhōngguó de tóuzī huánjìng yuèláiyuè hǎo duì wàiguó qǐyè zàijiànchǎng shèbèi zhíyuán
中国的投资环境越来越好, 对外国企业在建厂, 设备, 职员
gùyōng děng gè gè fāngmiàn tígòng hěnduō yōuhuì zhèngcè gè dìfāngzhèngfǔ yě dàlì zhīchí
雇佣等各个方面提供很多优惠政策。各地方政府也大力支持
běndì qǐ yè yǔ wài guó qǐ yè tóu zī hé zuò bìng tí gòng gè zhǒng zhī yuán
本地企业与外国企业投资合作, 并提供各种支援。

중국의 투자환경은 갈수록 좋아지고 있는데, 외국기업의 공장 건설, 설비, 직원고용 등 여러 측면에서 우대 정책이 많다. 특히 각급 지방정부들은 자기 지역의 기업과 외국기업 간의 협력을 적극적으로 지원하고 있다.

dì shíjiǔkè
第十九课

hé zuò yì xiàng
合作意向

zhāngjīng lǐ　zhōngguó de chǎnpǐn zài hánguó shìchǎng de xiāoshòu zěnmeyàng
张经理　：中国的产品在韩国市场的销售怎么样？

lǐ mínzhǔ　měinián dōu yǒu xīn de fāzhǎn
李民主　：每年都有新的发展。

zhāngjīng lǐ　wǒmen xīwàng kuòdà shuāngfāng de mào yì é
张经理　：我们希望扩大双方的贸易额。

lǐ mínzhǔ　wǒmen yě xīwàng rúcǐ
李民主　：我们也希望如此。

zhāngjīng lǐ　wǒ xīwàng hé guìgōngsī hézuò bùzhī yì xiàng rúhé
张经理　：我希望和贵公司合作，不知意向如何？

lǐ mínzhǔ　zhè yìdiǎn wǒ zìjǐ juédìng bùliǎo bìxū huíguó hé gōngsī shāngyì yíxià cái xíng
李民主　：这一点我自己决定不了，必须回国和公司商议一下才行。

zhāngjīng lǐ　wǒmen xīwàng jǐnkuài dédào guì gōngsī de dáfù
张经理　：我们希望尽快得到贵公司的答复。

lǐ mínzhǔ　hǎode wǒmen yídìng huì jǐnkuài gěi nín dáfù
李民主　：好的，我们一定会尽快给您答复。

새단어 生词

1. 市场 shìchǎng	(名) míng	시장
2. 销售 xiāoshòu	(动) dòng	판매(하다)
3. 每年 měinián	(名) míng	해마다
4. 发展 fāzhǎn	(动) dòng	발전하다
5. 扩大 kuòdà	(动) dòng	확대하다
6. 贸易额 mào yì é	(名) míng	무역액
7. 必须 bìxū	(副) fù	반드시
8. 回国 huíguó	(动) dòng	귀국
9. 点 diǎn	(名) míng	점
10. 商议 shāng yì	(动) dòng	상의하다
11. 答复 dá fù	(动) dòng	회답하다

문법포인트

1. 点(얼화인 없음)

품사에 따라 여러가지 의미를 가짐.

1) 명사 点 : '사실' '점'의 뜻.

wǒ jué de zhè jǐ diǎnfēichángzhòngyào
我觉得这几点非常重要。(나는 이 몇 가지 점은 아주 중요하다고 생각한다.)

2) 시간 양사 : ~시

xiànzài jǐ diǎn xiànzàijiǔdiǎnshífēn
现在几点？ 现在9点10分。(지금 몇 시? 지금 9시10분.)

3) 동사 : 주문하다, 돈을 세다

wǒ menjīntiāndiǎnshén me cài
① 我们今天点什么菜？(우리 오늘 무슨 요리를 주문할까?)

nǐ diǎn yí xià zhèyǒuduōshaoqián
② 你点一下 这有多少钱。(여기 돈 얼마 있는지 세어 보세요.)

2. 가능보어 : 동사 + 不了 / 得了

1) 행동의 가능성을 나타냄.

wǒ jīntiān qù bù liǎoxuéxiào le
我今天去不了学校了。(오늘 저는 학교에 갈 수 없어요.)

2) 양이 많아서 마무리할 수 있을지 의문임을 나타냄.

zhè me duō de jiǔ wǒ men hē de liǎo ma
① 这么多的酒, 我们喝得了吗？(이렇게 많은 술을 우리가 다 마실 수 있어?)

jīntiān de gōngzuòtàiduō le wánchéng bù liǎo
② 今天的工作太多了, 完成不了。(오늘의 일이 너무 많아서 다 끝낼 수 없다.)

* 다음 질문에 중국어로 대답해 주세요.

1) 中国的产品在韩国市场怎么样？
2) 张经理想和谁合作？
3) 李民主可以决定是否合作吗？

商务会话练习 비즈니스 회화연습

你喜欢和别的公司或者别人合作还是喜欢自己做？

* 잘 따라 읽으면서 익혀 보세요!

wǒ xī wàng hé guìgōng sī hé zuò bù zhī yì xiàng rú hé
我希望和贵公司合作, 不知意向如何？

wǒ men yí dìnghuì jǐnkuàigěinín dá fù
我们一定会尽快给您答复。

商务提示

zuìjìn suízhe zhōngguó kējì de fēisù fāzhǎn zhōngguó búzài zhǐshì jìnkǒu dàguó
最近随着中国科技的飞速发展, 中国不再只是进口大国。
xiànzàizhōngguó de chǎnpǐnzhìliàng yě búduàn de tígāo yě yǒu hěnduō chūkǒu dào guójì shìchǎng
现在中国的产品质量也不断地提高, 也有很多出口到国际市场
shàng bìng dé dào le hǎopíng bǐrú hǎi ěr jiādiàn huá wéi shǒujī xiǎo mǐ chōngdiànqìděng
上, 并得到了好评。比如'海尔'家电, '华维'手机, '小米'充电器等
hěnduō chǎnpǐnzài guójì shìchǎngshàng zhànjù le yídìng de wèizhì
很多产品在国际市场上占据了一定的位置。

최근 중국의 과학기술이 빠르게 발전하면서 중국은 더 이상 수입 대국이 아니며, 현재 중국 제품의 질도 빠르게 향상되고 있을 뿐 아니라 많은 제품이 국제시장으로 수출되고 있고 또 호평을 받고 있기도 하다. 예를 들어서 하이얼 가전, 화웨이 핸드폰, 샤오미 충전기 등 많은 제품들이 국제시장에서 상당한 위상을 점하고 있다.

dì èr shí kè
第二十课

dá fù diàn yóu
答复电邮

zhāng jīng lǐ
张经理：

nín hǎo
您好！

hěn róng xìng zhè cì qù zhōng guó néng jiàn dào nín yě fēi cháng gǎn xiè zài zhōng guó shí nín de shèng
很荣幸这次去中国能见到您，也非常感谢在中国时您的盛
qíng kuǎn dài
情款待。

zuì jìn zhōng guó de chǎn pǐn zài hán guó shì chǎng yì zhí xiāo shòu de tè bié hǎo jiù nín xī wàng
最近中国的产品在韩国市场一直销售得特别好，就您希望
hé wǒ men gōng sī cháng qī hé zuò de tí yì wǒ yǐ jīng xiàng dǒng shì zhǎng bào gào dǒng shì zhǎng yě
和我们公司长期合作的提议，我已经向董事长报告，董事长也
fēi cháng gǎn xìng qù bìng zhǐ shì lì jí fā diàn yóu gěi nín dá fù
非常感兴趣，并指示立即发电邮给您答复。

wǒ fāng tí chū de fāng àn yǐ suí fù jiàn jì shàng qǐng xiān què rèn jù tǐ shì yí jiāng zài
我方提出的方案已随附件寄上，请先确认。具体事宜将在
yì zhōu zhī nèi diàn huà lián xì xiáng tán
一周之内电话联系详谈。

cǐ zhì
此致！

zhù shāng qí
祝商祺！

sān xīng mào yì gōng sī
三星贸易公司

lǐ mín zhǔ jìng shàng
李民主敬上

èr líng èr líng nián èr yuè shí rì
2020年2月10日

새단어 生词

róngxìng 1. 荣幸	xíng (形)	영광스럽다
shèngqíngkuǎndài 2. 盛情款待	cí zǔ (词组)	성대한 대접, 환대하다
xiāoshòu 3. 销售	dòng (动)	판매(하다)
tíyì 4. 提议	dòng (动)	제안(하다)
xiàng 5. 向	jiè (介)	~한테, ~향해
bào gào 6. 报告	dòng (动)	보고하다
dǒng shì zhǎng 7. 董事长	míng (名)	회장
gǎn xìng qù 8. 感兴趣	cí zǔ (词组)	흥미가 있다, 관심이 있다
yīn cǐ 9. 因此	lián (连)	그래서
gěi dá fù 10. 给…答复	cí zǔ (词组)	~에게 대답을 주다
fāng àn 11. 方案	míng (名)	방안, 계획
fù jiàn 12. 附件	míng (名)	첨부파일
jì 13. 寄	dòng (动)	부치다, 보내다
shì yí 14. 事宜	míng (名)	사항
zhù shāng qí 15. 祝商祺	cí zǔ (词组)	사업이 번창하길 바라다
jìngshàng 16. 敬上	cí zǔ (词组)	올리다

* 写一封简单的电子邮件(内容不限：订货，产品咨询，合同协商等)

商务会话练习 비즈니스 회화연습

你用中文或者英文写过信吗？

dì èr shí yī kè
第二十一课

gòng dù nán guān
共度难关

lǐ mín zhǔ　wèi　nínhǎo　zhāngjīnglǐ　zuì jìn　tūrán　bàofā　xīn guàn fèiyán　yìqíng
李民主　：喂！ 您好，张经理！ 最近突然爆发新冠肺炎疫情，

wǒmen　xiàn xià　de　xiāoshòu　yí　luò qiānzhàng　xiànshàng　yě　búshì　hěn　lèguān　suǒ　yǐ
我们线下的销售一落千丈，线上也不是很乐观，所以

guān　yú　shàng　cì　diàn yóu nèi róngxiǎng　gēn　guì gōng　sī　chóng xīn xié shāng　yí　xià
关于上次电邮内容想 跟贵公司重新协商一下。

zhāngjīng lǐ　bǐ　cǐ　bǐ　cǐ　wǒ　men gōngchǎng　yě　yīn wéi　yì qíng　bù　dé　bù　jiǎnshǎo shēngchǎn
张经理　：彼此彼此！ 我们工厂也因为疫情不得不减少生产。

lìngwài　yóu　yú　guójì　wùliú　yùnshū　cìshù　jiǎnshǎo　jiǎnyì　tōngguān shíjiān
另外由于国际物流运输次数减少，检疫通关时间

jiācháng　jīngcháng yǒu yán chí dào huò　de　qíngkuàng　fā　shēng
加长，经常有延迟到货的情况发生。

lǐ mín zhǔ　tīngshuō zhè　cì　xīn guàn yìqíng búxiàng fēi diǎn　hé　zhōngdōng　hūxī　zōnghézhēng　duǎnqī
李民主　：听说这次新冠疫情不像非典和中东呼吸综合征短期

nèi jiù xiāoshī　kě néng huì xiàng liúgǎn　yíyàng chángqī　cúnzài
内就消失，可能会像流感一样长期存在。

zhāngjīng lǐ　nà　wǒmen　zài　yìqíng　qījiān　tiáozhěng dìnghuò　cìshù　hé　dìnghuòliàng　jǐnliàng
张经理　：那我们在疫情期间调整订货次数和订货量，尽量

jiǎnshǎo　guìgōngsī　de　dìnghuò　fùdān　tóngshí　wǒmen　yě　xīwàng　bǎ　jiāohuò
减少贵公司的订货负担，同时我们也希望把交货

qīxiàn　cóng shí tiānyáncháng dào sānshítiān　zěn　me　yàng
期限从10天延长到3０天，怎么样？

lǐ mín zhǔ　tài hǎo　le　fēi cháng　shí　qī　fēi cháng duì dài　gòngtóng　dù　guò nán guān
李民主　：太好了！ 非常 时期非常对待，共同 度过难关。

zhāngjīng lǐ　hǎo　xī wàng　wǒ　men　hé　zuò　yú　kuài
张经理　：好，希望我们合作愉快！

새단어 生词

bàofā 1. 爆发	dòng (动)	폭발하다, 갑자기 발생하다
xīnguàn fèiyán 2. 新冠肺炎	míng (名)	신종 코로나, 코로나19
yìqíng 3. 疫情	míng (名)	방역 상황
yí luò qiānzhàng 4. 一落千丈	chéng yǔ (成语)	(매출, 경제, 가격, 신분 등) 폭락하다
xiànshàng 5. 线上	míng (名)	온라인, 线下(xiànxià) 오프라인 ; 线上购物 온라인쇼핑
bǐ cǐ bǐ cǐ 6. 彼此彼此！	cí zǔ (词组)	피차일반, 비슷하다
jiǎnyì 7. 检疫	dòng (动)	검역하다
fēi diǎn fēi diǎnxíng fèi yán 8. 非典 / 非典型肺炎 / yán zhòng jí xìng hū xī zōng hé zhēng 严重急性呼吸综合征	míng (名)	사스
zhōngdōng hūxī zōnghézhēng 9. 中东呼吸综合征	míng (名)	메르스
xiāoshī 10. 消失	dòng (动)	사라지다
liúgǎn 11. 流感	míng (名)	독감
tiáozhěng 12. 调整	dòng (动)	조정하다
yáncháng 13. 延长	dòng (动)	연장하다
fēi cháng shí qī fēi cháng duì dài 14. 非常时期, 非常对待	jù (句)	비상시에는 비상한 방법으로 (대응)처리한다
dù guò 15. 度过	dòng (动)	보내다, 지내다, 고비를 넘기다
nán guān 16. 难关	míng (名)	난관, 어려운 상황

* 다음 질문에 중국어로 대답해 주세요.

1) 李民主为什么给张经理打电话？
2) 新冠肺炎疫情对他们公司, 工厂有什么影响？
3) 疫情期间他们准备怎么合作？

商务会话练习 비즈니스 회화연습

谈一谈新冠疫情期间你们国家或者你个人是怎么做防疫的？

* 잘 따라 읽으면서 익혀 보세요!

xiànxià de xiāoshòuqíngkuàng yí luòqiānzhàng xiànshàng yě búshì hěnlèguān
线下的销售情况一落千丈, 线上也不是很乐观。

wǒ men xī wàngtiáozhěngdìnghuò cì shù hé dìnghuòliàng
我们希望调整订货次数和订货量。

유행병 관련 어휘 및 표현

shìjièxìngliúxíngbìng 世界性流行病 yìqíng 疫情 xīnguànfèiyán 新冠肺炎 zhōngdōng hūxī zōnghézhēng 中东呼吸综合征 fēidiǎnxíngfèiyán yánzhòng jí xìng hū xī zōng hé zhēng 非典型肺炎(严重急性呼吸综合征) liúgǎn 流感	세계적 유행병 방역상황 신종 코로나 메르스 사스 독감
yī hù rényuán 医护人员	의료진
fāngcāng yī yuàn 方舱医院	팡창병원(원래는 군대의 야전컨테이너 이동 응급병동인데 신종 코로나가 갑자기 확산되어 더 많은 환자를 치료할 수 있도록 임시로 건설한 응급치료 병원)

gǎnrǎnzhě 感染者 wú zhèngzhuàngzhě 无症状者	감염자 무증상자
gāowēixiǎnrénqún 高危险人群 jī chǔ jí bìng 基础疾病	고위험군 기저질병
yǎng qì　xī yǎng 氧气 / 吸氧	산소 / 산소를 흡입하다
bìng dú jiǎn cè　yángxìng　yīnxìng　quèzhěn 病毒检测 / 阳性 / 阴性 / 确诊	바이러스 검사하다 / 양성 / 음성 / 확진
tèxiàoyào　yìmiáo 特效药 / 疫苗	특효약 / 백신
gé lí　jū jiā gé lí　jí zhōng gé lí 隔离 / 居家隔离 / 集中隔离	격리 / 자가격리 / 집중격리
tínggōng tíngchǎn 停工, 停产 fù gōng　fù chǎn 复工, 复产	업무 중지하다, 생산을 중지하다 직무 복귀하다, 다시 생산하다

商务提示

èr líng yī jiǔniánshíèryuèzài zhōngguó wǔhàn tūrán bàofā le xīnguān fèiyán　duǎnduǎn jǐgè yuè mànyándào quánqiú xǔduō guójiā
2019年12月在中国武汉突然爆发了新冠肺炎。短短几个月蔓延到全球许多国家。
zhōngguó bānbù le fēngchénglìng yǐhòu　guónèi yìqíng dédào kòngzhì　wèile fángzhǐ hǎiwài liúrù bìnglì de zēngjiā　èrlíngèrlíngniánsān
中国颁布了封城令以后，国内疫情得到控制，为了防止海外流入病例的增加，2020年3
yuèèrshíjiǔ rì　zhōngguó hái fābù le yìqíng jiēduàn "wǔgè yī" zhèngcè　yì hángkōnggōngsī,　yígè guójiā　yìtiáo hángxiàn　yìzhōu
月29日，中国还发布了疫情阶段"五个一"政策：一航空公司，一个国家，一条航线，一周，
yígè hángbān　lìngwài cóng guówài rùjìng rényuán bìxū jízhōng gé lí shísìdàoèrshíyītiān yìbān zài zhǐdìng de bīnguǎn jìnxíng gélí　dàn
一个航班。另外从国外入境人员必须集中隔离14~21天，一般在指定的宾馆进行隔离，但
fèiyòng zìlǐ
费用自理。

2019년 12월 중국 우한에서 코로나19가 발생했고 몇 개월 내에 글로벌 차원으로 여러 국가로 퍼졌다. 중국은 봉쇄령을 내린 이후 국내 상황을 통제하였고, 병의 해외유입 증가를 막기 위해 2020년 3월 29일 단계별 '5가지 1' 정책, 즉 1항공사, 1국가, 1항로, 1주일, 1개 항공편 정책을 내놓았다. 이 밖에도 외국에서 입국하는 사람들은 21일 동안 집중 격리하고, 일반적으로 지정 호텔에서 격리시키는데, 비용은 자비부담이다.

单元复习(11~21课)

1. 대화에 근거하여 질문을 대답해 주세요.

A：这次我们想进口贵公司的新产品, 我们已经在展会上看过样本了, 也看过了贵公司的报价, 产品的质量和包装都很满意, 不过觉得到岸价格有点儿高, 我们要订十五万个, 如果可以再降低一点儿的话, 我们打算明天就签合同。

B：十五万个的话, 价格可以优惠一些。我们已经是第二次合作了, 放心吧！明天就把合同准备好, 下午两点签怎么样？

A：好的, 希望我们合作愉快！

1) A觉得产品怎么样？

2) A要订多少货？

3) B同意调整价格了吗？

4) 他们什么时候签合同？

2. 주어진 단어를 이용하여 빈 칸을 채우세요.

吸引　　附件　　准备　　得到　　错过

1) 我们希望尽快(　　)贵公司的答复。

2) 外包装也要能(　　)消费者才行。

3) 贵公司这次(　　)订些什么货？

4) 如果(　　)了销售旺季, 我们将会蒙受巨大损失。

5) 我方提出的方案已随(　　)寄上。

3. 괄호 안의 내용을 참고하여 주어진 대화를 중국어로 완성하세요.

1) A : ______________________________________ ? (언제 제품이 나옵니까?)

B : 这个月中旬可以出货。

2) A : 我们一定会尽最大努力的。

B : ______________________________________ (감사합니다. 부탁합니다.)

3) A : 这次我们打算用D / P方式支付怎么样？

B : ________________________ (우리는 귀사가 신용장을 개설해 주시면 좋겠습니다.)

4) A : ________________________ (화물은 어떤 보험을 들기를 원하십니까?)

B : 我们想投综合保险。

4. 주어진 5개 단어로 이야기를 만드세요!

合作　　满意　　价格　　高兴　　样本

부록

본문해석

퀴즈 해석 및 정답

단원복습 정답

본문 해석

제1과 항공권 예약

이민주 : 다음주쯤 중국 상하이에 출장 갈 계획인데, 항공권을 예약해 주세요.

김비서 : 네. 몇 시 비행기를 예약할까요?

이민주 : 오전 표가 더 좋습니다.

김비서 : 알겠습니다. 바로 예약을 해드리겠습니다.

(김비서가 인터넷에서 항공권을 예약함.)

김비서 : 사장님! 인터넷에서 다음주 화요일 오전 10시에 인천공항 출발하고, 2주 후 상하이 홍치아오 공항에서 귀국하는 왕복항공권을 예약했습니다.

이민주 : 고마워요.

제2과 탑승수속

공항직원 : 선생님! 여권을 보여주세요!

이민주 : 여기요. 앞의 창가 쪽 자리로 주시겠어요?

공항직원 : 짐을 올려주세요.

이민주 : 네.

공항직원 : 탑승권 여기 있습니다. 세관검사 후 5번 탑승구에서 9시반 전까지 탑승하시면 됩니다.

이민주 : 감사합니다. 정시에 이륙합니까?

공항직원 : 아직까지 지연 정보는 없습니다.

제3과 세관

출입국관리소 직원 : 선생님, 여권 보여주세요.

이민주 : 예. 여기 있습니다.

출입국관리소 직원 : 어느 나라 사람입니까?

이민주 : 전 한국 사람인데, 무역 계약을 체결하려고 왔습니다.

출입국관리소 직원 : 중국에 얼마나 머무르실 예정인가요?

이민주 : 두 주일 정도요.

출입국관리소 직원 : 입국신고서를 보여주세요.

이민주 : 예. 입국신고서 여기 있습니다.

출입국관리소 직원 : 됐습니다. 증명서를 잘 챙기고 세관으로 가세요.

제4과 고객 영접

장뽀 : 한국에서 오신 이민주 선생이시죠!

이민주 : 그렇습니다. 실례지만 선생님은….

장뽀 : 상하이 컴퓨터회사의 장뽀입니다. 회사에서 저에게 선생님을 마중하라고 했습니다. 제 명함입니다.

이민주 : 고맙습니다. 뵙게 되어 기쁩니다.

장뽀 : 오시느라 고생 많으셨습니다.

이민주 : 괜찮습니다. 조금도 피곤하지 않아요.

장뽀 : 짐은 모두 도착했습니까?

이민주 : 모두 도착했습니다.

장뽀 : 잘 됐군요. 그러면 우리 떠나도 될까요? 차는 대합실 밖에 있습니다. 제가 호텔까지 모시겠습니다.

제5과 입실 등록(체크인)

장뽀 : 안녕하세요. 제가 귀 호텔에 손님을 위해 일인 실을 예약했는데, 입실 수속을 처리해 주시겠어요?

호텔직원 : 예, 어느 분 성함으로 예약하셨나요?

장뽀 : 이민주씨입니다.

호텔직원 : 잠시만 기다려주세요. 제가 찾아보겠습니다.

(컴퓨터에서 관련 정보를 검색)

호텔직원 : 찾았습니다. 신분증명서를 주시고, 숙박등록증을 기록하고, 또 보증금 2000위안을 내시면 됩니다.

이민주 : 신분증 여기 있습니다. 보증금은 카드로 해도 되지요?

호텔직원 : 그렇습니다. 이것이 객실 출입 카드이고, 방은 1105호입니다. 엘리베이터를 타고 11층으로 올리 가시면 됩니다.

장뽀 : 그럼 쉬시지요.

이민주 : 그래요. 감사합니다.

제6과 비즈니스 일정

이민주 : 내일 일정은 다 정해졌습니까?

장뽀 : 저희가 먼저 일정표를 만들어 보았습니다. 어떻습니까?

이민주 : 일정이 좀 빡빡 하군요.

장뽀 : 무슨 문제가 있습니까?

이민주 : 오전과 오후의 일정을 바꾸는 게 좀 나을 것 같습니다.

장뽀 : 그럼, 먼저 공장을 구경한 뒤, 사무실로 가셔도 괜찮을까요?

이민주 : 좋습니다.

제7과 기업 방문

이민주 : 공장의 규모가 굉장히 크군요. 생산라인이 몇 개나 됩니까?

공장장 : 6개의 생산라인이 있습니다.

이민주 : 근로자들이 많지 않네요.

공장장 : 저희의 생산라인은 모두 자동화 생산이라서 근로자들이 그리 많지 않습니다.

이민주 : 어쩐지. 지난 몇 년 전과 비교하면 공장이 많이 바뀌었습니다.

공장장 : 오늘 우리 공장의 식당밥을 한번 맛보시죠.

이민주 : 좋습니다!

제8과 전화 미팅 예약

김부장 : 여보세요. 산A회사입니다.

장뽀 : 여보세요. 해외사업부의 김 부장님 좀 부탁합니다.

김부장 : 접니다.

장뽀 : 아, 안녕하세요? 이번에 저희 회사의 서울 사무소를 새로 개설했습니다. 그래서 김 부장님을 만나뵙고 싶은데요.

김부장 : 좋습니다, 내일 오후 어때요? 오후 두 시부터 시간 괜찮습니다.

장뽀 : 예, 좋습니다. 그럼 내일 오후 두 시에 회사로 찾아 뵙겠습니다.

김부장 : 저희 회사 위치 아세요?

장뽀 : 네, 압니다. 무역 센터 18층이요.

김부장 : 좋습니다. 그럼 내일 뵙지요.

제9과 사무실 방문

장뽀 : 안녕하세요! 해외사업부 김부장님이 계십니까?

비서 : 안녕하세요! 산A회사 직원이시죠? 부장님이 사무실에서 기다리고 계십니다. 이 쪽으로 오세요!

장뽀 : 알겠습니다. 감사합니다.

장뽀 : 김 부장님! 안녕하세요! 저는 산A회사 서울사무소의 장입니다. 제 명함입니다.

김부장 : 안녕하세요! 만나서 반갑습니다.

장뽀 : 감사합니다. 앞으로 잘 부탁드립니다.

김부장 : 위챗에서 친구 추가하시면, 일이 있을 때 언제든지 연락할 수 있습니다.

장뽀 : 좋습니다.

제10과 제품문의

김주임 : 이번에 저희가 휴대폰 충전기를 수입하려고 하는데, 이 규격의 제품을 공급할 수 있겠습니까? (주문서를 주면서)

장뽀 : 문제 없습니다. 저희가 두 개의 회사 자료를 준비했으니 좀 보십시오.

김주임 : 두 회사 제품에 어떤 차이가 있습니까?

장뽀 : 두 회사는 다 유명 휴대폰 충전기 생산업체이기 때문에, 품질에 특별한 차이는 없습니다. 제품의 디자인만 좀 다르죠.

김주임 : 저희가 제품의 성능과 가격을 비교 검토한 다음에 결정하겠습니다.

제11과 가격협상

김주임 : 지난번에 보내주신 선풍기의 견본은 모양과 성능은 그만하면 만족스러운데, 제시하신 가격이 좀 높습니다.

장뽀 : 품질과 모양면에서 다른 제품은 저희 회사 제품과 비교할 수 없습니다.

김주임 : 솔직히 말씀드리면, 저희가 다른 회사의 오퍼도 받았는데, 귀사의 가격이 가장 높습니다.

장뽀 : 몇 대를 주문하시려고 합니까? 주문 수량이 많으면 협상할 수 있습니다.

김주임 : 저희가 100대를 주문하려고 하는데, 대당 5달러 할인해서 12달러로 하면 어떻겠습니까?

장뽀 : 대당 5달러를 인하하면 저희는 손해를 보게 됩니다. 대당 최대 2달러를 인하해 드리면 어떨까요?

김주임 : 매우 유감스럽습니다. 그 가격은 저희가 수락하기 어렵습니다.

제12과 확정 오퍼

장뽀 : 저희 회사의 전시품들을 보셨지요?

이민주 : 네, 전시회 기간에 가서 귀사 전시 부스를 보았습니다.

장뽀 : 그럼 이번에 뭘 예약하시겠습니까?

이민주 : 죄송하지만, 귀사 측에서 매도가격을 제시해 주십시오.

장뽀 : 그러지요. 이것은 저희 회사 최근의 가격표입니다. 주문량이 많으면 가격은 다소 할인해 드릴 수 있습니다.

이민주 : 그럼 언제쯤 확정 오퍼를 제시해 주실 수 있겠습니까? 우리는 상하이 도착가격(ICF : 운임, 보험료 포함 목적 항구 도착가격)으로 했으면 합니다.

장뽀 : 내일 오전에 제시해 드릴 수 있습니다.

제13과 계약 체결

이민주 : 언제 물건이 나옵니까?

장뽀 : 이번 달 중순 쯤이면 나올 겁니다. 비행기로 보낼까요, 배로 보낼까요?

이민주 : 물량이 많으니 배로 보내주십시오. 그러나 제품 인수할 때 불량품은 반송하겠습니다.

장뽀 : 물론이죠. 지금 계약서를 작성하도록 하죠. 계약 기간은 몇 년으로 하시겠습니까?

이민주 : 첫 거래이니 2년으로 합시다.

장뽀 : 좋습니다.

이민주 : 제가 보기에 이 부분에 "만약 한 쪽이 계약을 위반하면, 상대편은 계약을 취소할 권한을 갖는다"는 문구를 넣어야 할 것 같습니다.

장뽀 : 좋습니다. 또 다른 의견이 있으신가요?

이민주 : 없습니다.

장뽀 : 그럼 우리 이 쯤에서 서명하시지요.

이민주 : 좋습니다. 우리의 거래가 원만하게 성사된 것을 축하합시다.

장뽀 : 앞으로 보다 잘 협력할 수 있기를 바랍니다.

제14과 포장디자인

장뽀 : 귀사에서 저희 제품 외부 포장에 대한 무슨 특별한 요구 사항이라도 있으십니까?

이민주 : 특별한 요구는 없지만, 외부 포장도 구매자들의 눈길을 끌어야 하지 않을까요?

장뽀 : 그렇죠.

이민주 : 우리는 귀사가 아름답고 편리한 포장 방안을 고안해 주시기를 바랍니다.

장뽀 : 똑같은 마음입니다. 자, 보시지요. 이것이 포장 견본입니다.

이민주 : 좋습니다. 제 생각에 이 디자인이 비교적 새로워 보이니까 이대로 생산합시다.

장뽀 : 아주 좋습니다.

제15과 지불방식

장뽀 : 이번에는 D/P나 D/A 조건으로 할 수 없겠습니까?

이민주 : 우리는 귀사가 신용장(L/C)을 개설해 주시면 좋겠습니다.

장뽀 : 귀사는 우리가 계약 이행을 어기고 지불을 거부할까 봐 걱정해서 그러시는가요?

이민주 : 물론 그런 걱정이 전혀 없는 것은 아닙니다.

장뽀 : 안심하셔도 좋습니다. 요즈음의 추세를 보면 가격이 계속 오르면 오르지 떨어지지 않을 것입니다.

이민주 : 그래도 관례를 깨고 싶지는 않으니까, 양해해 주시지요.

제16과 선적

이민주 : 이 화물 언제쯤이면 선적해 줄 수 있습니까?

장뽀 : 생산이 순조로우면 5월에 선적할 수 있습니다.

이민주 : 5월이면 너무 늦는 것 같습니다.

장뽀 : 수출상으로서 저희도 되도록 빨리 선적하기를 바라지만, 지금 상황으로 좀 어렵습니다.

이민주 : 아시는 바와 같이 성수기를 놓치면 우리는 막대한 손실을 입을 수 있습니다.

장뽀 : 귀사의 처지를 충분히 이해합니다. 최선을 다 하겠습니다.

이민주 : 감사합니다. 부탁합니다. 선적한 뒤 선하증권, 인보이스, 포장명세서를 팩스로 보내주시면, 통관 수속에 도움이 됩니다.

제17과 보험

장뽀 : 화물은 어떤 위험에 대해서 보험 들기를 원하십니까?

이민주 : 우리는 먼저 귀 측이 사용하는 보험 약관을 알고 싶습니다.

장뽀 : 우리는 통상 중국인민보험공사의 해양 운수 화물 보험 약관을 사용합니다.

이민주 : C.I.F.(운임 및 보험료 포함 인도)에 의하여 거래된 상품은 일반적으로 어떤 위험에 대하여 보험을 듭니까?

장뽀 : 그것은 고객의 요구 또는 상품 성격에 따라서 결정합니다.

이민주　　: 잘 알겠습니다. 저에게 귀 측의 보험료율을 알려 주시겠습니까?

장뽀　　: 1000분의 3정도 됩니다.

이민주　　: 알겠습니다. 감사합니다.

第18과　중국투자

조성건　　: 무역 회사를 하나 차릴까 합니다.

장뽀　　: 합자 회사입니까, 아니면 주식 회사입니까?

조성건　　: 파트너로 경험 있는 외국 회사를 찾으려고 합니다.

장뽀　　: 얼마나 투자하실 생각입니까?

조성건　　: 15억 정도 투자할 생각입니다.

장뽀　　: 만약 중국 회사와 합자할 생각이 있으시다면 자료를 제공해 드릴 수 있습니다.

조성건　　: 그것도 괜찮겠군요. 감사합니다.

第19과　협력 의사

장사장　　: 중국 제품의 한국시장 판로는 어떻습니까?

이민주　　: 해마나 나아져 가고 있습니다.

장사장　　: 우리 두 회사간의 무역액을 더 확대시켰으면 합니다.

이민주　　: 저희도 그런 바람이 있습니다.

장사장　　: 귀사와 협력하려고 하는데 어떻게 생각하시는지요?

이민주　　: 그 점은 아무래도 제가 결정할 수 없고, 귀국해서 회사 측과 한번 상의해 봐야 합니다.

장사장　　: 빠른 시일 내로 귀사 측의 의견을 듣게 되기를 바랍니다.

이민주　　: 좋습니다. 꼭 빠른 답변을 드릴 수 있도록 하겠습니다.

제20과 이메일 답장

장 사장님

안녕하십니까?

이번에 중국에서 만나뵙게 돼서 영광이고, 성대한 접대를 해주셔서 감사드립니다.

최근에 중국 제품이 한국시장에서 특별히 잘 팔려서 저희 회사와 장기간 협력하기를 바라는 제안을 이미 저희 사장님에게 전해드렸습니다. 사장님께서도 깊은 관심이 가지고 있어서, 곧 바로 메일을 통해 회답을 드리라고 하셨습니다.

당사가 제시하는 시안을 첨부파일로 보내 드렸으니 먼저 확인 부탁드립니다. 구체적인 사항을 일주일 이내에 유선전화로 자세히 상의하겠습니다.

사업이 번창하길 바랍니다!

삼성무역회사

이민주 올림

2020년 2월 10일

제21과 어려움을 함께 극복하다

이민주 : 여보세요. 안녕하셨어요, 장 이사님? 최근에 발발한 코로나19 때문에 오프라인 매출도 급감하고 온라인 상황도 낙관하기 힘듭니다. 그래서 전에 보내드린 이메일 내용에 대해서 다시 협상하고 싶습니다.

장 이사 : 상황은 피차 일반입니다. 저희 공장도 코로나19 때문에 생산을 줄였습니다. 뿐만 아니라 국제물류운수도 수 차례 감축됐고 검역 통관도 지연되고, 화물 도착이 지연되는 사태도 자주 발생하고 있습니다.

이민주 : 듣기로 이번 코로나19는 사스, 메르스와 달리 단기내에 소멸하지 않고 유행성 독감처럼 오래 갈 가능성이 있다고 합니다.

장 이사 : 그러면 우리 코로나19 기간 동안 화물 예약 횟수와 예약 수량을 조정해서 귀 회사의 화물예약 부담을 최대한 줄이고, 동시에 우리의 화물인도 기간도 10일에서 30일로 연장면 어떨까요?

이민주 : 아주 좋습니다. 비상 시국에는 비상한 수단을 써서, 어려움을 함께 이겨 나갑시다.

장 이사 : 좋습니다. 잘 협력했으면 좋겠습니다.

퀴즈 해석 및 정답

퀴즈1

어느 때는 산 허리에
어느 때는 나무 끝에
어느 때는 쟁반 같고
어느 대는 낫 같고

谜底 : 月亮　답 : 달

퀴즈 2

하얀 꽃, 아무도 기르지 않는데
여섯 개 꽃잎이 하늘에 피네
북풍이 불어 꽃이 땅에 지니
집 위 땅 위가 온통 하얗네.

谜底 : 雪 답 : 눈

단원복습 정답

단원복습1(1~10과)

1. 본문에 따라 질문에 대답해 주세요.

各位乘客好！由仁川飞往北京的CZ888次航班将在12点开始办理登机手续, 去北京的乘客请在 H18~20 排队托运行李, 换登机牌, 谢谢！

1) 这次航班号是多少？CZ888
2) 这次航班从哪儿出发？到达哪儿？仁川; 北京
3) 几点开始办理登机手续？12点
4) 在哪儿托运行李？H18~20

2. 주어진 단어를 이용하여 빈 칸을 채우세요.

预订　　名片　　刷卡　　条

1) 我们工厂一共有八(条)生产线。
2) 昨天我在网上(预订)了你们酒店的一个单人间。
3) 您 好！这是我的(名片), 认识您很高兴。
4) 请(出示) 您的护照。
5) 酒店的押金可以(刷卡)吗？

3. 괄호 안의 내용을 참고하여 주어진 대화를 중국어로 완성하세요.

A：您打算在中国呆多长时间？
B：大概一个星期 / 一周左右。(대략 일주일 정도)

A : 这是明天的日程表, 您觉得怎么样?

B : 日程有点儿紧张。(일정이 좀 빡빡하네요.)

A : 明天下午您有空儿吗?

B : 明天没空儿后天有空儿。(내일은 시간이 없고 모래 시간 있어요.)

A : 你的行李都到齐了吗?

B : 还没都出来 / 到齐。(아직 다 안 나왔어요.)

단원복습2 (11~21과)

1. 대화에 근거하여 질문을 대답해 주세요.

A : 这次我们想进口贵公司的新产品, 我们已经在展会上看过样本了, 也看过了贵公司的报价, 产品的质量和包装都很满意, 不过觉得到岸价格有点儿高, 我们要订十五万个, 如果可以再降低一点儿的话, 我们打算明天就签合同。

B : 十五万个的话, 价格可以优惠一些。我们已经是第二次合作了, 放心吧! 明天就把合同准备好, 下午两点签怎么样?

A : 好的, 希望我们合作愉快!

1) A觉得产品怎么样? 产品的质量和包装都很满意。

2) A要订多少货? 十五万个。

3) B同意调整价格了吗? 可以优惠一些。

4) 他们什么时候签合同? 明天下午两点。

2. 주어진 단어를 이용하여 빈 칸을 채우세요.

吸引　附件　准备　得到　错过

1) 我们希望尽快(得到)贵公司的答复。

2) 外包装也要能(吸引)消费者才行。

3) 贵公司这次(准备)订些什么货？

4) 如果(错过)了销售旺季, 我们将会蒙受巨大损失。

5) 我方提出的方案已随(附件) 寄上。

3. 괄호 안의 내용을 참고하여 주어진 대화를 중국어로 완성하세요.

1) A : 什么时候出货？(언제 물건이 나옵니까?)
B : 这个月中旬可以出货。

2) A : 我们一定会尽最大努力的。
B : 谢谢, 麻烦您了！(감사합니다. 부탁합니다.)

3) A : 这次我们打算用D / P方式支付怎么样？
B : 我们希望贵公司最好采用信用证支付方式。
(우리는 귀사가 신용장을 개설해주시면 좋겠습니다.)

A : 您的货物要投保什么险种呢？(화물은 어떤 보험을 들기를 원하십니까?)
B : 我们想投综合保险。

임반석

현 청주대 중국통상과 교수

저서

『중국향진기업의 성장과 한계』
『현대 중국의 문화와 정치경제 발전』
『중국 주택상품화 연구』
『중국경제: 두 가지 기적과 딜레마』
『중국경제의 개혁과 발전』
『중국의 전통, 경제발전, 그리고 민주화』
『중국경제, 기적은 끝나는가』
『일석이조 중국어(읽기)』
『한국경제의 선진화와 법치』(공저)
『선진경제 진입과 법치원리의 확립』(공저)
『통일시대 근현대 민족정신사 연구』(공저)
『21세기 한반도, 한민족, 그리고 세계』(공저)
이 외에 중국경제 및 동아시아경제협력 관련 연구재단급 논문 다수

장위건

청주대 중국통상과 겸임교수

중국계 귀화 한국인(심양)
충북대 경영학 박사
워아이니 중국어학원 경영
시엔케이코리아(주) 대표
명글로벌 해외영업 부사장
충청북도 국제자문관(중국)
길림시 퉈모(拓幕) 무역회사 고문
방통대(충북) 중문스타디 강사

비즈니스 중국어 회화

초판 발행 _ 2020년 8월 30일

저　　자 • 임반석 · 장위건
발 행 인 • 정 현 걸
발　　행 • 신 아 사
인　　쇄 • 한승인쇄
주　　소 • 서울시 은평구 통일로 59길 4(2F)
전　　화 • 02)382-6411 · 팩스 02)382-6401
홈페이지 • www.shinasa.co.kr
E-MAIL • shinasa@daum.net
출판등록 • 1956년 1월 5일 (제9-52호)

ISBN 978-89-8396-567-7(93720)

정가 15,000원